NASCE UM EMPREENDEDOR

DONY DE NUCCIO E BOB WOLLHEIM

Nasce um empreendedor

Dicas, provocações e reflexões para quem quer começar um negócio próprio

COM A PARTICIPAÇÃO ESPECIAL DE

Aleksandar Mandić, Alexandre Accioly, Alexandre Costa, Alexandre Herchcovitch, Beto Almeida, Cassio Spina, Eduardo L'Hotellier, Eduardo Ourivio, Frederico Rizzo, João Mostacada Carvalho, Juliano Seabra, Luiz Barretto, Luiz Vitor Martinez, Lupércio Fernandes de Moraes, Marcello Pesce, Marcelo Cherto, Marcelo Nakagawa, Marcus Rizzo, Michael Nicklas, Nizan Guanaes, Rafael Duton, Roberta Vasconcellos, Rogério Chér, Romero Rodrigues, Rony Meisler, Samir Iásbeck, Sofia Esteves, Tallis Gomes e a colaboração de Kaluan B. Bernardo

PORTFOLIO
PENGUIN

A Portfolio-Penguin é uma divisão da Editora Schwarcz S.A.

Grafia atualizada segundo o Acordo Ortográfico da Língua Portuguesa de 1990, que entrou em vigor no Brasil em 2009.

CAPA Eduardo Foresti
PROJETO GRÁFICO Tamires Cordeiro
PREPARAÇÃO Officina de Criação
REVISÃO Ana Maria Barbosa e Márcia Moura

Dados Internacionais de Catalogação na Publicação (CIP)
(Câmara Brasileira do Livro, SP, Brasil)

Nuccio, Dony De
Nasce um empreendedor : dicas, provocações e reflexões para quem quer começar um negócio próprio / Dony De Nuccio e Bob Wollheim. — 1ª ed. — São Paulo : Portfolio-Penguin, 2016.

Vários colaboradores.
Bibliografia.
ISBN 978-85-8285-030-5

1. Administração de negócios 2. Empreendedores 3. Empreendedorismo 4. Sucesso em negócios I. Wollheim, Bob. II. Título.

16-01086 CDD-658.421

Índice para catálogo sistemático:
1. Empreendedorismo : Sucesso em negócios : Administração de empresas 658.421

[2016]
Todos os direitos desta edição reservados à
EDITORA SCHWARCZ S.A.
Rua Bandeira Paulista, 702, cj. 32
04532-002 — São Paulo — SP
Telefone: (11) 3707-3500
Fax: (11) 3707-3501
www.portfolio-penguin.com.br
atendimentoaoleitor@portfolio-penguin.com.br

À Eugenia Moreyra, amiga especial e diretora da GloboNews, que com olhar vibrante, ousadia e apetite inovador me inspira diariamente a continuar criando e empreendendo na televisão.

DONY DE NUCCIO

À Bia, minha companheira e mãe do Nico, que há mais de dez anos me apoia em todas as minhas loucuras empreendedoras!

BOB WOLLHEIM

SUMÁRIO

PREFÁCIO I

Empreender é tentar, aprender, fazer... e sobretudo tentar de novo

Várias pesquisas sugerem que o sonho das novas gerações é, cada vez mais, empreender. Montar o próprio negócio é um desejo compartilhado por milhões de jovens — e por milhões de adultos — em todo o país. A vontade de contar com ganhos mais sólidos, de não ter chefe ou até mesmo de fundar uma empresa líder em seu segmento inspira essa multidão de potenciais empreendedores, prontos para se arriscar no rumo de um futuro incerto mas cheio de esperança.

Empreender, no Brasil ou em qualquer lugar do mundo, exige persistência, dedicação, tenacidade e muito trabalho. Engana-se quem pensa que montar um novo negócio, por menor que seja, não vai dar dor de cabeça. Vai sim. E o novo empresário terá também de aprender a conviver com as dúvidas sobre as muitas decisões que será obrigado a tomar, diariamente, no caminho para o sucesso. Pergunte a qualquer empreendedor, grande ou novato, sobre as superações, as perdas e as conquistas pelas quais passou e você ouvirá histórias longas e cativantes, de quem percorreu uma trilha sinuosa sem esmorecer. Empreender é tentar, aprender, fazer... e sobretudo tentar de novo.

Foi pensando nesse desejo crescente dos brasileiros — e em especial dos jovens de hoje — que um telejornal de economia decidiu incorporar o empreendedorismo como um de seus eixos principais. Desde sua reformulação, no início de 2013, o *Conta Corrente* passou a falar com bastante frequência sobre o assunto, para quem quer começar a empreender ou para quem já empreende e quer saber mais.

Quando fui convidado a pensar no novo formato do jornal, meu primeiro palpite foi que o tom do programa deveria ser utilitário: falar da economia do dia a dia, do que afeta todos nós. A partir daí, listei uma série de segmentos e áreas que considerei interessantes para o telespectador. Fizemos pesquisas e *voilà*: o empreendedorismo, como pensei, foi um dos tópicos mais visados.

Sugeri então quadros em dias fixos, para que pudéssemos discutir temas ligados a cada uma das grandes áreas de interesse que identificamos. Daí surgiram as colunas Seu Negócio, Sua Carreira, Seu Bolso e Seu Investimento. Contudo, a importância e a popularidade do empreendedorismo são tão marcantes que o tema, apesar de concentrado nas noites de quarta-feira, permeia o conteúdo do nosso telejornal durante toda a semana.

Neste livro, Dony De Nuccio e o comentarista de empreendedorismo Bob Wollheim vão ajudar você a saber mais sobre os primeiros passos de quem pensa em empreender. A dupla dá dicas valiosas e discute assuntos já vistos no *Conta Corrente*, mas que agora ganham ainda mais profundidade.

Convido você, caro leitor, a embarcar nesta jornada, certo de que este livro e o nosso programa vão, todo dia, contribuir mais um pouquinho para o seu êxito. Afinal, o seu sucesso é o nosso principal objetivo.

Boa leitura!

João Mostacada Carvalho
Supervisor de programas da GloboNews

PREFÁCIO II

Qual é o tamanho do seu sonho?

O empreendedorismo é a forma mais eficiente de fazer o bem e uma das formas mais bonitas de criação.

Não consigo ver maior ação social do que gerar empregos e dar futuro às pessoas. Criar uma empresa é dar vida a um sonho e oportunidades a todos os que acreditam nele. É, nesse sentido, uma criação coletiva. E indispensável.

O mundo precisa gerar centenas de milhões de empregos, uma demanda que não pode ser atendida sem o empreendedor de alto impacto. Gente que começa numa garagem e em dez anos constrói algo inacreditável, do tamanho da Apple.

E, depois de trabalhar muito e ter muito sucesso, o que faz o empreendedor? Acorda e vai trabalhar cedinho para treinar as novas gerações dentro da sua empresa, porque a sua roda não pode parar.

Esse espírito fundou nações e sustenta o desenvolvimento econômico no mundo. Dois amigos italianos saíram de uma pequena cidade da Itália: um deles veio para o Brasil e fundou o império Matarazzo; o outro foi para os Estados Unidos e criou o Bank of America. Imagine quantas vidas foram transformadas pelas suas trajetórias.

Sonho tem de ser grande. Sonho que você cumpre em um ano

não é sonho. E sonhar pequeno geralmente dá o mesmo trabalho do que sonhar grande.

Se você está pensando em abrir o seu primeiro negócio, sonhe grande e se prepare muito, porque o caminho do sucesso nunca será uma linha reta. Quase sempre ele é um ziguezague caótico que requer visão e ousadia, mas também calma e paciência. E, claro, uma excelente gestão.

Milhões de pessoas de todos os tipos, de todos os cantos do mundo, todos os dias, começam negócios, mas uma pequena parte de fato prospera. Então se prepare. Não há jornada mais enriquecedora do que essa.

Nizan Guanaes
Sócio fundador do Grupo ABC

APRESENTAÇÃO

Então você quer ser um empreendedor

Não importa a sua idade, o seu ramo de atividade, os tombos que já levou ou os planos que tem pela frente. O sonho de abrir um negócio próprio faz brilhar os olhos de um número enorme de pessoas. E os seus também — que ótimo!

Mas empreender não é brincadeira. Seja na hora de jogar seu emprego atual para o alto, seja no momento de mergulhar em um mercado cheio de concorrentes, abrir um negócio envolve riscos. Risco de ganhar pouco, risco de tropeçar, risco de ir à falência, risco de não dar certo. E todos esses riscos devem ser avaliados antes do início de um empreendimento.

A ideia romantizada de que tocar o próprio negócio traz rendimentos instantâneos e altos ou carga de trabalho reduzida passa longe da realidade de quem resolve se aventurar nessa empreitada.

Possivelmente, antes de o seu negócio se tornar um sucesso, você cairá algumas vezes. É preciso ter disposição, ânimo e empenho para se levantar após cada queda e continuar andando.

Empreender não é fácil. Mas é uma delícia! E foi para você, que tem esse sonho e já deu os primeiros passos do caminho — ou pensa em entrar nele — que escrevemos este livro.

Não temos a pretensão de esgotar todas as dúvidas sobre empreendedorismo. Seria uma tarefa impossível. Também não pretendemos elaborar um guia burocrático para detalhar as etapas formais da abertura e da contabilidade de uma empresa. Você pode encontrar uma infinidade de conteúdo dessa natureza nas livrarias ou na internet.

Nosso desejo é mais simples, porém muito mais ambicioso. A proposta deste livro é trazer insights. Conselhos. Sugestões. Pensamentos. Provocações. Informações. Dicas. Alertas. Queremos agregar valor ao seu DNA empreendedor! E contribuir, assim, para que seu negócio se destaque, prospere, se diferencie dos demais. E para que você se torne um empreendedor de sucesso. Boa leitura!

Dony & Bob

CAPÍTULO 1

Nasce um empreendedor

Poucas profissões são unanimidade no mundo. É natural que cada pessoa tenha um gosto e, portanto, uma atividade de preferência para a qual dedicar suas horas de suor. Mas, independentemente do ramo que você escolheu ou da sua realidade profissional atual, é muito provável que já tenha pensado em jogar seu trabalho para o espaço e virar o dono da própria empresa.

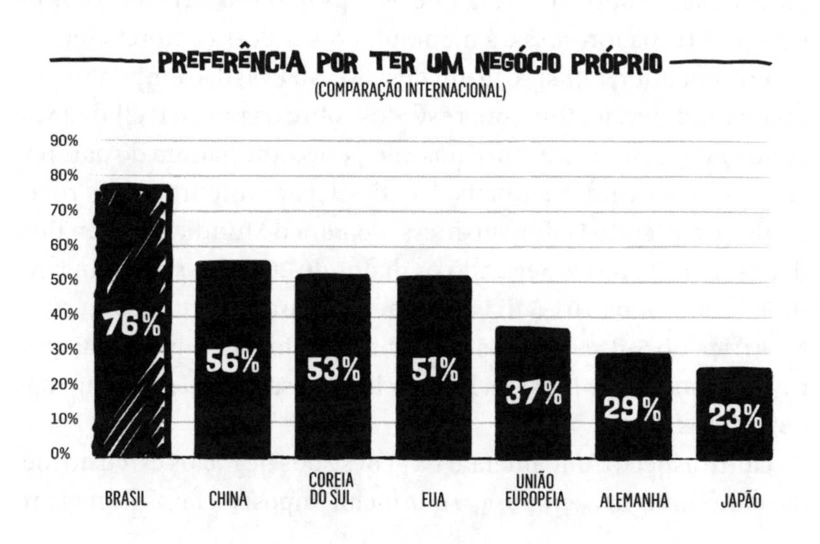

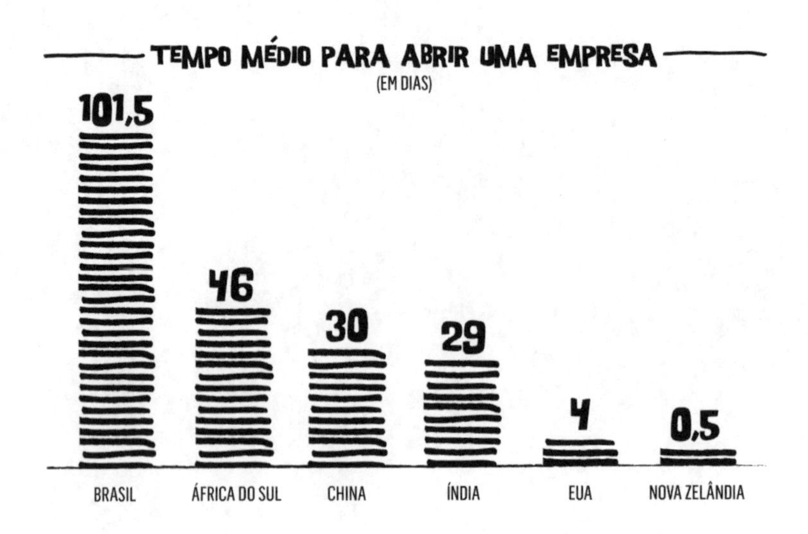

Empreender é o sonho de muita gente. Para ser mais preciso, segundo uma pesquisa da Endeavor, 76% dos brasileiros preferem ter um negócio a ser empregados. A fatia é maior até que a dos Estados Unidos, país conhecido pelo espírito empreendedor e pelo tino empresarial.

Se três em cada quatro brasileiros querem ser donos de um negócio próprio, você, que tem este livro em mãos, provavelmente faz parte desse grupo. Mas será que está preparado para as dores de cabeça, a trilha tortuosa e a montanha-russa dessa empreitada?

Empreender, por si só, é um desafio. No Brasil, o empenho precisa ser redobrado. Inúmeros estudos sobre o grau de facilidade de se fazer negócios mostram a posição pouco animadora do país nas comparações internacionais. Um dos levantamentos mais renomados é o projeto Doing Business, do Banco Mundial, que analisa dados de 189 países. Segundo os dados de 2016 desse ranking, no Brasil são gastos 101,5 dias, em média, para abrir uma empresa. Na África do Sul são gastos 46; trinta na China; 29 na Índia; quatro nos Estados Unidos. Na Nova Zelândia, são necessárias apenas doze horas.

Outro aspecto fundamental na gênese dos negócios é o custo médio para começar a empresa, o que inclui impostos, taxas de registro

e assim por diante. Quanto menor esse custo, melhor para quem vai abrir uma empresa.

Nesse sentido, o Brasil ganha do México e da Índia, mas perde para países como Rússia, China e Canadá. Para o empreendedor verde-amarelo é seis vezes mais penoso arcar com os custos de um novo negócio do que, por exemplo, para um chileno.

Também é relevante levar em conta a burocracia na hora de começar uma empresa. Uma forma de medir esse aspecto é analisar a papelada necessária — em outras palavras, a quantidade de procedimentos, licenças e documentos para colocar a ideia em prática. No Brasil, esse número é, em média, onze. Bem melhor que na Venezuela (dezessete) ou em Uganda (quinze). Na China são também onze; e no Chile, sete. Estados Unidos, México, Austrália e Canadá também registram números bem mais favoráveis.

Tempo, dinheiro e burocracia. Essas são apenas três das etapas pelas quais um brasileiro picado pelo bicho do empreendedorismo precisa passar para começar sua trajetória. O Banco Mundial analisa ainda outras categorias. E tudo se resume a uma tabela, ou uma pergunta, que tem tudo a ver com o assunto deste livro: onde é mais fácil abrir um novo negócio?

No ranking, que você pode conferir na p. 27, o primeiro colocado

é Cingapura. O Brasil está na posição de número 116, de um total de 189 países — logo atrás de Gana e à frente da Etiópia.

Talvez agora você esteja pensando: "Onde é que eu fui me meter? Jogar o emprego para o alto? De jeito nenhum! Estou fora! Empreender no Brasil não é para mim!". Calma. Conte até dez. Vinte. Trinta. Abrir um negócio aqui não é moleza mesmo. Mas...

... isso não pode desanimar você! Afinal de contas, todos os empreendedores do país passaram ou passam por isso. Todos eles! Pense nas grandes empresas que você conhece e admira hoje. Muitas nasceram na década de 1980... talvez no início dos anos 1990. Já imaginou como era empreender naquela época? Inflação altíssima, um plano econômico atrás do outro, dificuldade brutal de fazer um plano de negócios de médio prazo. Era um ambiente muito, mas muito mais hostil!

Se você estivesse abrindo seu negócio em 1994, por exemplo, e olhasse para o retrovisor, esta seria a imagem: em vinte anos, seis planos econômicos diferentes haviam sido implementados. Seis! Era impossível saber qual seria a moeda brasileira ao final do ano. A inflação média entre 1990 e 1994 passou dos 700% ao ano!

Se tantas iniciativas sobreviveram e prosperaram nesse cenário, transformando-se em companhias de grande sucesso, convenhamos: hoje é plenamente possível que você consiga fazer uma cai-

ONDE É MAIS FÁCIL COMEÇAR UM NEGÓCIO

(POSIÇÃO)

CINGAPURA	1
NOVA ZELÂNDIA	2
REINO UNIDO	6
ESTADOS UNIDOS	7
AUSTRÁLIA	13
CANADÁ	14
MÉXICO	38
CHILE	48
PERU	50
RÚSSIA	51
ÁFRICA DO SUL	61
NAMÍBIA	101
GANA	114
BRASIL	116
ÍNDIA	130
ETIÓPIA	146
SUDÃO	159
VENEZUELA	186
ERITREIA	189

pirinha muito mais generosa, por mais amargos que os limões da atual conjuntura possam parecer. Olhe novamente para o retrovisor. O que aconteceu nos últimos vinte anos? O Brasil teve uma única moeda. A inflação (que ainda está longe do ideal) foi em média cem vezes menor do que a do período de 1990 a 1994. As classes A e B passaram de 5,9% para 15,7% da população. A classe C representa mais da metade dos habitantes do país e incorporou dezenas de milhões de pessoas — para você, clientes em potencial!

Além de toda essa mudança para melhor, o volume de crédito, os instrumentos de gestão, a estabilidade econômica, a robustez do sistema financeiro, as entidades de apoio ao pequeno empresário... tudo isso é mais favorável!

Aos olhos do empreendedor, crise é oportunidade. Risco é chance de dar certo. E ainda que as estatísticas apontem para a facilidade de fazer negócios nos Estados Unidos, por exemplo, isso não significa necessariamente que é melhor ser empreendedor lá do que aqui. Pense bem: com a eficiência, a agilidade e os incentivos para abrir um negócio muito mais maduros no país da águia, a quantidade de empreendedores, a voracidade e a qualificação deles também é muito maior. Em outras palavras... uma senhora concorrência! (E margens de lucro bem mais apertadas.)

Por outro lado, segundo o ditado, em terra de cego quem tem

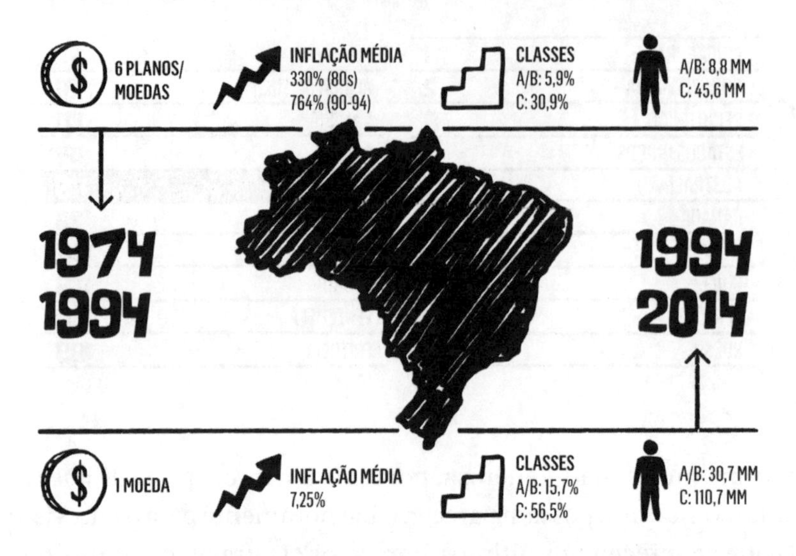

um olho é rei. O Brasil tem um mercado interno gigantesco, ou seja, um ativo precioso! Além disso, conta com uma população enorme e mobilidade social considerável, trazendo a todo instante novos consumidores com apetite ao mercado. Isso significa demanda, oportunidade e dinheiro para você, empreendedor.

Vivemos em um país que é a sétima maior economia do planeta, com um PIB 78% maior que o do México, 542% maior que o da África do Sul, 715% maior que o do Chile! O Brasil produz em um ano o equivalente à soma de toda a economia de Argentina, Bolívia, Chile, Colômbia, Equador, África do Sul, Peru, Uruguai e Portugal no mesmo período.

Somos a quinta maior nação em extensão territorial e temos a quinta maior população do planeta, 2,5 vezes a da Alemanha e três vezes maior que a do Reino Unido. Se a classe média brasileira formasse um país, seria o 12º do mundo em população e o 18º em consumo. Poderia fazer parte do G20.

E mais: apenas quatro nações no mundo têm ao mesmo tempo mais de 4 milhões de quilômetros quadrados de área, mais de 1 trilhão de dólares em PIB e mais de 100 milhões de habitantes. São

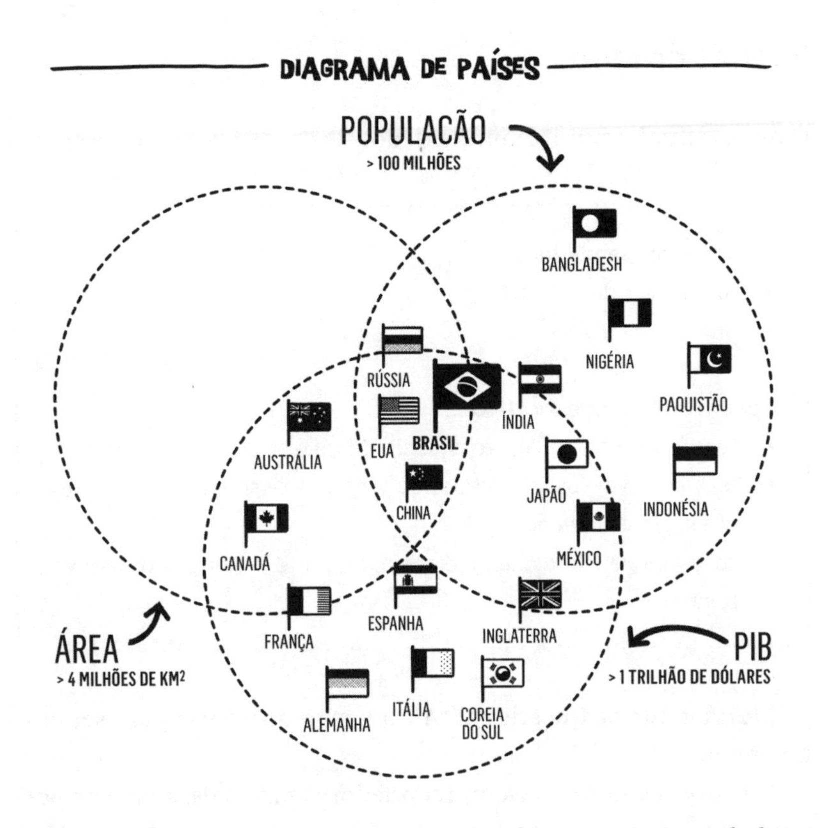

mercados de potencial excelente para exploração empreendedora. E uma dessas nações... é justamente o Brasil!

Esperamos que você já tenha se convencido: existe aqui um potencial enorme para novos e bons empreendimentos, segmentos inexplorados, espaço para profissionalização, muito mercado para ganhar, muita coisa por fazer. Há pista livre para acelerar seu negócio próprio. Cabe a você entrar no carro e pisar fundo.

A trajetória não é fácil. O dia a dia de um empreendedor é muito mais conturbado e desafiador do que as histórias de sucesso sugerem à primeira vista. Existe uma expressão muito verdadeira: “Sucesso rápido acontece em dez anos”.

A possibilidade de trabalhar com o que você gosta e fazer disso um grande negócio é sedutora. Mas para maximizar a possibilidade de sucesso é preciso ralar. Muito. Quanto mais você se preparar, maior será sua chance de dar certo!

Por trás do mito

O que é, afinal, ser um empreendedor?

Ser um empreendedor É...

- um estado de espírito.
- um modo de vida.

Ser um empreendedor NÃO É...

- ter uma ideia e uma apresentação (esse é só o primeiro passo).
- ter iniciativa, vestir a camisa da empresa (isso é no máximo ter um jeitão empreendedor).
- só querer ganhar dinheiro (dinheiro faz parte, mas não é o objetivo principal).

Muita gente se questiona: "Afinal, será que nasci para ser empreendedor?".

Há anos, estudiosos e empreendedores fazem essa mesma pergunta. Ouvindo esses especialistas, a conclusão é que empreender é como um vírus — podemos tê-lo dormente em nosso corpo por anos e anos, até mesmo pela vida toda, e nunca o despertar.

São inúmeras as histórias de empreendedores que obtiveram muito sucesso começando aos cinquenta ou sessenta anos, depois de uma carreira convencional. É o caso de Roberto Marinho, que fundou a TV Globo com sessenta anos; ou ainda de Colonel Sanders, que aos quarenta abriu uma lanchonete para vender frangos fritos e, aos 45, criava uma das primeiras franquias do mundo: a rede KFC.

Há diversos outros exemplos que demonstram não existir uma idade certa para empreender. Veja:

Jan Koum fundou o WhatsApp aos 35, mesma idade em que Michael Arrington fundou o Tech Crunch, Tim Westergren começou o Pandora e Jimmy Wales fundou a Wikipedia.

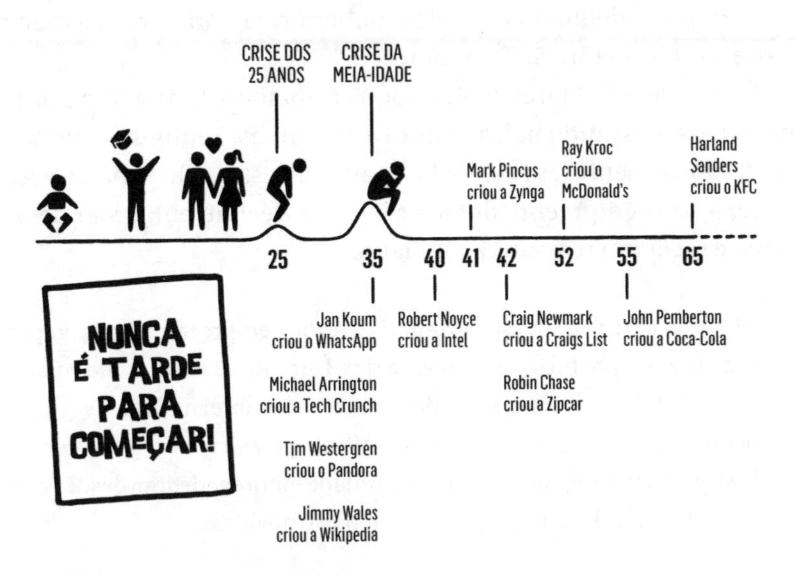

Aos 41 anos, Mark Pincus criou a Zynga. Ele era apenas um ano mais novo do que Robert Noyce quando criou a Intel.

O McDonald's, a partir de uma pequena lanchonete em San Bernardino, na Califórnia, transformou-se em um império global graças a Ray Kroc, um homem que, na época, tinha 52 anos — pouco menos que os 55 de John Pemberton quando inventou a Coca-Cola!

Mas, afinal de contas, o que faz o vírus do empreendedorismo despertar?

Muitas coisas. Pode ser uma dificuldade, como perder o emprego ou perder algum ente querido. Quem sabe uma pessoa que o inspira, o motiva e faz surgir o desejo de seguir passos semelhantes. Talvez uma experiência ruim em um trabalho ou mesmo uma ausência de propósitos na vida. Eventualmente uma oportunidade que fez seus olhos se arregalarem.

Os fatores são inúmeros e, possivelmente, o seu será único. Mas acontecerá na hora em que tiver de acontecer. Se você perguntar para empreendedores como eles souberam "a hora certa", a maior parte simplesmente dirá: "Aconteceu!".

Veja o caso de Marcello Pesce, que trabalhou 22 anos em multinacionais, passando pelas mais diversas áreas. Sentia-se realizado profissionalmente, era elogiado, e, quando estava chegando ao seu auge, o vírus empreendedor acordou. Ele decidiu então sair desse ramo e tocar um restaurante italiano.

> Olhando para trás, posso afirmar que resolvi empreender quando percebi que sempre fui um empreendedor. Durante 22 anos, como colaborador de diversas empresas, agia como um. Sempre me fazia a seguinte pergunta: "Se essa empresa fosse minha, eu agiria dessa maneira?". Essa postura me ajudou a criar maturidade empreendedora desde cedo. Quando a oportunidade apareceu, não tive dúvidas.

Converse muito

Se você está em dúvida sobre se realmente é um empreendedor, a melhor dica é começar a estudar tudo o que cai nas suas mãos e conversar com muitos empreendedores, tantos quantos conseguir. Faça todo tipo de pergunta, sobre as benesses e as dificuldades, e veja se essa vida parece ou não fazer sentido para você.

Conversamos com centenas de empreendedores. Poucos poderiam ser chamados de "empreendedores natos", aqueles que desde a infância já davam sinais claros de que seriam pessoas de negócios. Não se sinta mal se, na sua infância, você nunca montou uma banquinha para vender picolé ou não ganhou dinheiro negociando jogos de video game com os amigos. A maior parte dos empreendedores nunca fez isso.

Aleksandar Mandić é um dos empreendedores mais notáveis do Brasil e precursor dos negócios de internet por aqui. Em 1990, sem graduação de ensino superior, ele saía da Siemens, onde tinha uma carreira, para criar a Mandic BBS. De lá para cá, muita coisa aconteceu. A empresa, que leva seu sobrenome, recebeu grandes investimentos e se tornou uma das maiores da internet no final dos anos 1990. Mandić a vendeu. Tornou-se sócio fundador do IG. Comprou a Mandic novamente. E depois a vendeu mais uma vez, por mais de 100 milhões de dólares. Hoje, com mais de sessenta anos, ele continua empreendendo e toca um aplicativo chamado Mandic Magic, que ajuda as pessoas a compartilhar senhas de wi-fi. Perguntamos a ele: "Como saber se você nasceu para empreender?". Preste bastante atenção na resposta:

> Sabedoria é saber o que fazer; habilidade é saber como fazer; virtude é fazer. Ser empreendedor é fazer mais com menos, tirar de onde não tem e colocar onde não cabe, é ter iniciativa e "acabativa"! Iniciativa e "acabativa": essa é a mais forte qualidade que tem que existir em você. Veja que há pessoas com boas ideias (iniciativa), mas na hora do "fazer" ("acabativa") a coisa nunca fica pronta.
>
> Uma boa ideia sem execução é uma ideia multiplicada por zero. É melhor uma má ideia implementada que uma boa ideia não acabada. Ser empreendedor é não ter medo. É errar, mas consertar rápido. Ser empreendedor é não desistir, é começar e depois recomeçar e depois recomeçar.
>
> Definição de empreendedor em uma frase só com verbos: "Ser é poder fazer". Então, vá lá e faça!

Sei viver em uma montanha-russa?

A atividade empreendedora é um viver constante num sismógrafo de altos e baixos, uma variação intensa e brutal de emoções e expectativas. É comum o empreendedor ir do inferno ao céu várias vezes durante o processo.

É preciso ter estômago, frieza e capacidade de viver com as incertezas e as angústias que essa vida ocasiona.

Se você está acostumado com uma rotina previsível, programada, converse muito com amigos empreendedores para entender o que é essa energia maluca de rally e veja se ela se encaixa no seu momento de vida.

Pegue o exemplo de Eduardo L'Hotellier, fundador da GetNinjas, que conecta prestadores de serviços a seus potenciais clientes. Ele já levantou mais de 7 milhões de reais em investimentos, mas, dois anos depois de ter fundado a empresa, confirma que empreender não é navegar no meio da calmaria:

> Empreender criando inovação em qualquer área não é fácil. Na área de tecnologia, por exemplo, para cada novidade lançada com sucesso por uma empresa, há várias que não tiveram uma boa resposta do público.
>
> A própria Apple passou por isso no lançamento de seu primeiro tablet, em 1993. O Apple Newton foi um gigantesco fracasso da empresa, mas, como muitos sabem, a história mudou treze anos depois, com o lançamento do iPad.
>
> Com o GetNinjas não foi muito diferente. A primeira versão de nossa plataforma não atendia às necessidades de nosso público e não tivemos os resultados esperados. Trabalhamos muito para adequar a plataforma. Hoje temos um produto muito melhor do que tínhamos um ano atrás.
>
> A chave para lidar com essa montanha-russa é já estar preparado para as quedas — com toda certeza elas acontecerão. Se você se preparar, ao menos será mais fácil se levantar e seguir em frente.

Todo mundo precisa ser empreendedor?

Óbvio que não!

É muito bacana o fato de que empreender esteja se tornando um dos caminhos mais desejados no país, mas é claro que ser empreendedor não é melhor (nem pior) do que trabalhar na empresa de outra pessoa. O importante é você descobrir o que quer, qual é a sua energia. E, se empreender fizer parte disso, então, mãos à obra!

Por outro lado, se você concluir que não se adaptaria a esse dia a dia ou que o momento ainda não chegou, relaxe, siga sua vida, construa seu futuro seja onde for. Não existe certo ou errado, só aquilo que o realiza e o que não o realiza.

Quando vemos pessoas que resolveram empreender apenas porque "é bacana e todo mundo quer", percebemos que geralmente elas se dão muito mal. Não se acostumam com a incerteza constante que caracteriza essa rotina. Mas também vemos, é claro, gente que tem um emprego mas que já deveria estar empreendendo há tempos!

Empreendedores, empresários e executivos

Esses três "E" significam a mesma coisa?

Apesar de terem características comuns, representam diferentes vocações. Para falar sobre cada uma delas, convidamos Rogério Chér, consultor de carreira, professor de empreendedorismo na Fundação Getulio Vargas (FGV) e administrador.

> Ser empresário enseja "ter a empresa", isto é, expressa a relação de propriedade com o negócio. Ser empreendedor, por outro lado, revela um conjunto de atitudes, quer o indivíduo seja, quer não seja o dono da empresa.
>
> Assim, um profissional pode agir como empreendedor mesmo não sendo sócio da empresa. São os chamados intraempreendedores, ou empreendedores corporativos. Mas quais atitudes os revelam?
>
> Farejar ativa e constantemente oportunidades, para antever caminhos e escolhas, é um típico traço empreendedor. Olhar algo antes dos outros não significa perder-se em contemplação: o indivíduo avança na direção daquilo, ele age, e sua ação é para transformar uma ideia em um desafio, em uma realidade. Ele aprende fazendo, faz aprendendo. E, ao fazê-lo, provoca mudanças e inovações. Aquilo não será mais como antes depois de sua intervenção transformadora. Não perguntará se vai dar certo, mas seu foco será em "como" dar certo. Não se sente derrotado quando as coisas acontecem fora do previsto: encara erros como

aprendizados, corrige os planos e avança. Investe tempo e energia para engajar e inspirar os demais a seu redor em torno das iniciativas que enxerga como significativas, fazendo de tudo para que aquilo não pareça uma aventura pessoal, mas algo com significado poderoso para os indivíduos e para o grupo.

E os executivos, como se encaixam nisso? Podem ser empreendedores, tanto corporativos como donos de seus próprios negócios? Sim, caso seu comportamento seja convergente com as atitudes acima. Executivos são em geral focados em gestão. Gestores ocupam-se em planejar, dirigir, organizar e controlar. São mais "tocadores" de negócios, menos iniciadores de novos empreendimentos. Sentem-se mais adequados aos símbolos corporativos e se encaixam bem em contextos mais previsíveis e rotineiros. Pessoas com atitudes empreendedoras, todavia, buscam desafios o tempo todo, têm olhar transformador para tudo ao redor e acreditam no impacto de suas ideias e iniciativas.

Adicionalmente, o caminho para empreender por conta própria passa por separar "risco" e "desafio". Empreendedor gosta de desafio e procura evitar riscos. A ideia de um indivíduo doido, que se atira na direção de altos riscos com coragem e ousadia, revela, essencialmente, um suicida, não um empreendedor. Empreendedores bem-sucedidos assumem riscos, sim, mas quando sabem que as chances de dar certo são maiores do que as de fracassar. Amam desafio e odeiam risco. Por isso, não descuidam do bom planejamento financeiro.

Por fim, há um ponto comum a empresários, empreendedores e executivos: suas chances de sucesso dependerão do nível de intimidade deles consigo mesmos. Seu êxito dependerá do seu nível de autoconhecimento, de quanta consciência têm sobre suas histórias de vida, valores pessoais, crenças, estilos, talentos e competências. Sua trajetória e seu êxito dependerão de quanto serão capazes de fazer do trabalho mais do que um conjunto de tarefas, atribuições e responsabilidades: seu sucesso estará na proporção de quanto seu caminho estará permeado de sentido, significado e propósito.

Mentor: arrume um

Uma das coisas mais importantes no ato de empreender é tomar decisões — e são muitas, todos os dias. Milhares de interrogações aparecerão o tempo todo — das coisas mais simples que você nunca fez até as maiores decisões de vida. Será um mar de dúvidas, incertezas e solidão.

E uma das melhores maneiras de minimizar um pouco essas questões é ter algumas pessoas com quem conversar de tempos em tempos, para contar o que está acontecendo e ouvir conselhos experientes e sábios de alguém que se encontra fora da situação. São os mentores.

Quando for escolher os seus, prefira pessoas experientes, amigas, que te respeitem e que sejam do bem. Nada pior do que alguém que quer mais te ver cair e se machucar do que te ajudar sinceramente.

Não adote pai, mãe, namorado, namorada, marido ou esposa para a função de mentor, pois em geral são pessoas que veem seu lado pessoal, mas terão dificuldade em criticar, dizer as verdades duras que você precisa ouvir e até mesmo concordar com coisas diferentes do sonho que elas têm para você.

A vocação de empreender

Eduardo Ourivio, fundador do Spoleto, conta como foi sua experiência de começar o negócio do zero e compartilha sua visão de empreendedorismo. É com o depoimento dele que fechamos este capítulo.

> Empreender ou não, seguir na mesma empresa ou mudar, modificar o rumo da carreira, recomeçar, continuar fazendo o mesmo...
>
> Toda e qualquer decisão que tomamos ao longo de nossas vidas, em maior ou menor grau, sempre vai envolver riscos.
>
> Mas quando você sente vontade de construir algo — que às vezes nem sabe exatamente o que é — e esse sentimento vai crescendo cada vez mais, é hora de buscar o que fala mais alto ao seu coração.

Acredito que há várias maneiras de empreender. Há desde o papel em branco onde se começa tudo do zero (com o maior risco e também a maior recompensa), passando por modelos como franquia (onde a experiência do franqueador minimiza o risco), até encontrar uma empresa que tenha uma forte cultura empreendedora com a qual você se identifique nos valores e na causa.

Empreender não é uma atitude mental e racional em que 1+1=2. Aliás, se for empreender com algum sócio, 1+1 tem que ser igual a 3 — caso contrário, melhor ficar separado.

Por mais que planejemos muito, na verdade nunca vamos realmente saber como vai ser se não "botarmos para fazer", como se diz na Endeavor.

Ter um plano ajuda bastante. Na minha experiência, por exemplo, não tínhamos no início plano nenhum, e funcionou... mas não por muito tempo. Acabamos tecnicamente quebrados. Porém ninguém sabia, e continuamos recebendo crédito dos fornecedores, o que nos fez sobreviver até chegarmos ao Spoleto.

Foi então que planejamos de verdade pela primeira vez. O Spoleto é a consequência de todos os nossos erros e acertos. E com uma visão clara, desde o início, de que iríamos franquear: será que um engenheiro, um executivo ou uma dona de casa vão conseguir tocar este negócio? Será que isso ou aquilo funciona em mil lojas? Fazíamos essas e outras perguntas para conseguir uma rápida expansão com qualidade.

Mas sentir dentro de você que esse é o caminho que o faz feliz é fundamental! Muitas vezes vai ser difícil, parecendo quase impossível (e às vezes é, mas você não sabe...). Nos momentos de estresse, a paixão vai fazer a diferença. E a perseverança vai fazer você vencer.

Errar faz parte. Que grande empreendedor já não quebrou — ou quase? Eu não conheço nenhum. Mas cada vez menos no Brasil valoriza-se o tombo, e sim a velocidade com que se levanta. Essa é uma mudança cultural positiva.

Claro, ainda falta melhorar muito. Mas se você se pegar reclamando demais sobre o ambiente de negócios no país, talvez seja um sinal de que ainda não está pronto para empreender. É justamente nesses ambientes que estão as grandes oportunidades.

Aprenda com os outros. Busque referências no mercado, mas não copie simplesmente, por mais que num primeiro momento isso pareça o mais inteligente a fazer. Construa a sua própria história, pois no médio prazo você vai atrair pessoas muito melhores para construir este sonho a seu lado.

Meu pai me ensinou que o empresário é aquele que corre atrás de seus sonhos. O Spoleto e agora o Grupo Trigo (Spoleto, Koni, Domino's, Gurumê e Gokoni) me ensinaram que o empresário é aquele que corre atrás do seu sonho e aprende a dividir, a construir com os outros. Ter sua causa e seus valores claros desde o início ajuda a estruturar uma cultura forte, atraindo pessoas incríveis para transformar tudo isso em realidade.

O empreendedor normalmente foca no sonho e deixa a contabilidade em segundo, terceiro plano, por dificuldade ou falta de interesse. No entanto, depois de mais de vinte anos empreendendo, eu gostaria de ter começado a focar nela antes do que fizemos. Cuide dos seus números com carinho — eles vão retribuir.

Nunca se esqueça (uma frase que aprendi de um grande amigo empresário): "Faturamento é vaidade, lucro é ponto de vista, caixa é realidade!".

Sempre pense no longo prazo, pois o bacana não é só chegar lá, mas sim o caminho percorrido. O "lá" vai sempre mudando.

E tente realmente trabalhar com o que ama, por mais maluco que seja. Com o tempo você vai entender que já não trabalha mais... Você simplesmente vive.

CAPÍTULO 2

Primeiros passos, a decisão e as dúvidas

Vamos começar do começo: você decidiu que quer virar empreendedor. Independentemente de quando isso acontecerá, você pensa: "Quero ter meu próprio negócio. Gosto desse estado de espírito e sei que será uma luta dura, mas sei também que para mim é importante tentar esse caminho". Isso deve ser quase um mantra, ajudando-o a se manter firme na trajetória e no propósito.

Por que você quer empreender?

Uma das primeiras coisas a fazer depois de tomada a decisão é pensar por que cargas-d'água você está fazendo isso. O que te levou a tomar essa decisão? Quer ser seu próprio patrão? Quer mudar o mundo? Quer fazer do seu jeito? Quer ter mais liberdade? Quer ser mais criativo? Quer ficar rico? Quer ter o status de empreendedor? Enfim, seja lá o que te motiva, é fundamental ter uma noção boa desses fatores para não entrar às cegas nessa aventura.

Ser feliz e seguir seu coração é ótimo! Mas lembre-se: você irá trabalhar mais do que imagina. Ficar rico é uma delícia, mas saiba que possivelmente demorará mais do que você gostaria. Liberdade é um conceito relativo, e ter você como seu próprio chefe pode ser muito mais insuportável do que ter seu chefe atual!

O lado bom disso todos veem: não prestar contas a ninguém, fazer do seu próprio jeito, tomar o manche da sua vida e assim por diante. O que as pessoas têm dificuldade em ver é o outro lado: você também poderá ser protagonista do próprio fracasso.

Se tudo der certo, mérito seu. Se tudo der errado, a culpa será sua também. É assim que os olhos externos o verão.

Como 24,4% dos negócios no Brasil não passam do segundo ano de atividade e quase metade não sobrevive depois de cinco anos, há uma chance considerável de essa aposta dar errado.

Você pode querer culpar o mercado, os clientes, a economia, a presidente, o fornecedor, seja lá quem for, mas no fundo, lá no fundo, quando colocar a cabeça no seu travesseiro, saberá que a culpa foi principalmente sua.

E por que é importante refletir sobre esse ponto? Porque é muito difícil ser o responsável pelas próprias derrotas. O impacto emocional da queda é algo que muitas pessoas não estão prontas para encarar.

Não seja otimista em excesso, achando que tudo vai dar certo. Tomara que dê! Mas exercite o pensamento desse outro lado — o do fracasso, o da chance de dar errado — e veja como se sente.

Uma característica comum a empreendedores de sucesso não é a ausência de percalços, de contratempos, de dificuldades, mas sim a perseverança inabalável, o foco irretocável, o propósito claro e persistente atropelando todas as barreiras. Caindo e se reerguendo. Uma e outra, e outra e outra vez. Henry Ford dizia: "Fracasso é a oportunidade de começar de novo, com mais inteligência e vontade redobrada".

Se o seu pensamento for algo como "Entendi, conheço os riscos, mas estou pronto e preciso vivê-los", siga em frente, com garra, empenho, apetite e entusiasmo. Você já está com a pulsação empreendedora!

Como escolher seu negócio

Você definiu que tem o espírito e o apetite empreendedor. Decidiu que vai deixar a carreira tradicional de lado e abrir o próprio negócio. Mas que negócio é esse? Uma loja de roupas, um restaurante, uma startup de aplicativos, uma rede de pet shops, um serviço customizado de alfaiataria em domicílio?

Sem definir o segmento de atuação, sua Ferrari de Fórmula 1 não sai do cockpit. Apenas identificar uma oportunidade não é suficiente. E se você não gostar dessa área?

Por outro lado, talvez se guiar só pelo gosto possa te levar ao abismo. Você pode adorar fazer treinamentos especializados de meditação para *sadhus* (os renunciantes andarilhos que se dedicam à prática espiritual), mas, embora isso possa ser um mercado promissor na Índia, no Brasil a oportunidade tende a ser escassa.

O segredo, portanto, é fazer o casamento daquilo que você gosta naturalmente de fazer com a oportunidade real que o segmento proporciona.

Para escolher onde, afinal, irá concentrar os esforços da sua empresa, produto, serviço ou atuação, é importante avaliar alguns aspectos. Vamos a eles.

Oportunidade — Existe oportunidade para o negócio em que você está pensando? As pessoas pagariam pelo produto/ serviço que você quer criar?

Talento — Você conhece muito certa área de atuação e acha que pode fazer melhor do que os *players* que estão no mercado?

Disrupção — Você está inventando e/ ou criando uma nova área/ formato/ modelo pois acredita fortemente que esse campo de atuação está parado no tempo?

Serendipity — Ou serendipidade, em português, é o dom de atrair o acontecimento de coisas úteis e felizes, com o acaso trabalhando a seu favor. Observe o mundo ao seu redor, fique atento a tudo. Assim, quando aparecer uma oportunidade, você talvez consiga agarrá-la.

A busca por um negócio levará algum tempo e demandará um exercício muito profundo de autocrítica e autoconfrontação.

Não seja exageradamente otimista na hora de avaliar a oportunidade ou seu talento, nem acredite que ser inovador é algo fácil, rápido ou simples.

Verifique o tamanho da oportunidade. Avalie. Ninguém percebeu que ela estava ali? Pode de fato levar ao pote de ouro no fim do arco-íris? Muitas vezes, ela já foi vista e analisada à exaustão, mas no fundo não é tão boa quanto parece. Certifique-se de que sua pesquisa está bem-feita, se não há outras empresas atuando de forma semelhante e se o mercado tem espaço para ser explorado.

Quando olhar para seus talentos, seja crítico consigo mesmo e não se elogie demais. Empreender irá colocar você cara a cara com suas capacidades e com a falta delas. Fazer esse exercício com seriedade ANTES de começar um negócio é uma grande sacada, pois minimizará seu risco e seus prejuízos posteriores.

Criar algo disruptivo é, provavelmente, a tarefa mais difícil de todas. Em geral, seus consumidores não saberão que precisam e/ ou querem o produto ou serviço que sua empresa criou. Muitas vezes, a disrupção ou é ilusória ou é tão avançada (só você entende aonde aquilo pode chegar) que pode levá-lo a criar algo que ninguém queira.

É preciso encontrar um equilíbrio entre a oportunidade ou a inovação e seu talento. Em outras palavras, não comece algo que detesta somente por achar que o negócio é promissor, nem se envolva com uma ideia apaixonante se não tiver farejado uma oportunidade real de negócios.

Parece difícil? Parece. E é.

Escolher um negócio é um processo suado, às vezes sofrido. Pede a negação de ideias que, embora lhe pareçam incríveis, não resistem a uma boa conversa. Trata-se de um processo cuja pesquisa é bem mais profunda do que uma simples busca na primeira página do Google.

Se você achar um negócio incrível muito depressa, desconfie. Pode estar faltando autocrítica.

Eureka! Perguntas e respostas para definir um negócio

Por onde começo?

O mais comum é começar por você mesmo, ou seja: a maior parte dos empreendedores identifica uma oportunidade no seu dia a dia e a transforma em um negócio. Querendo melhores resultados na internet, Larry Page e Sergey Brin criaram o Google. Buscando um modo simples de comparar preços, Romero Rodrigues, Ronaldo Takahashi, Rodrigo Guarino e Rodrigo Borges inventaram o Buscapé.

Tenho uma ideia brilhante! Como colocá-la à prova antes de abrir um negócio?

Entrar na internet ou fazer uma viagem e descobrir "ideias de negócio" NÃO significa ter uma ideia; trata-se apenas de inspirar-se em algo que já existe em outro país e que pode ou não dar certo no Brasil. Depois de ter uma ideia de verdade, a melhor coisa a fazer é tentar "matá-la". Conte-a para pessoas inteligentes e veja o que elas pensam a respeito. Verifique, na internet, se a sua ideia já não existe. Leia livros, procure artigos de revistas. Se você matar sua ideia, fique feliz: se ela fosse morta pelo mercado, certamente os prejuízos seriam muito maiores do que nessa fase inicial. E lembre-se: quem cria uma ideia é capaz de criar outras!

Como identificar oportunidades inexploradas no mercado?
Um modo de encontrar oportunidades é estudar mercados, conhecer dados e práticas do segmento em que você quer atuar. Essa é a maneira mais racional de encontrar oportunidades, e, é óbvio, só vai funcionar para pessoas pragmáticas e racionais.

Procure gente que conheça bem o mercado em que você pretende entrar. Se sua escolha for abrir uma franquia, por exemplo, é provável que o franqueador te ajude a identificar o melhor ponto para instalar uma unidade. Enfim, consulte todas as fontes possíveis para entender onde está se metendo e enxergar melhor as oportunidades que aí existem.

Onde encontrar sugestões ou fontes de inspiração para definir o ramo do meu empreendimento?
Não resta dúvida de que as melhores fontes de inspiração hoje estão na internet. Naturalmente se você escrever no Google "Onde encontro ideias de negócios?", vai ser direcionado apenas a sites, portais, revistas e blogs que falam de ideias que todos já viram. Portanto, é necessário ser mais perspicaz, usando palavras-chave específicas, estudando áreas e segmentos. As melhores ideias podem surgir da observação; portanto, invista seu tempo em palestras do TED, conheça a Entrepreneurship Corner, da Universidade de Stanford, o MIT, Harvard e navegue muito. Mantenha os olhos abertos e fique atento. Uma boa ideia pode surgir quando você menos espera.

Lembre-se: uma ideia sozinha não prospera no mundo dos negócios. É muito maior o número de boas ideias que naufragam do que aquelas que alçam voo. E, por trás das histórias de sucesso, muito mais que uma lâmpada acesa sobre a cabeça do empreendedor, é comum identificar uma brilhante *execução*. Por isso, comemore as boas sacadas, mas procure usar a proporção de 10% de inspiração e 90% de transpiração!

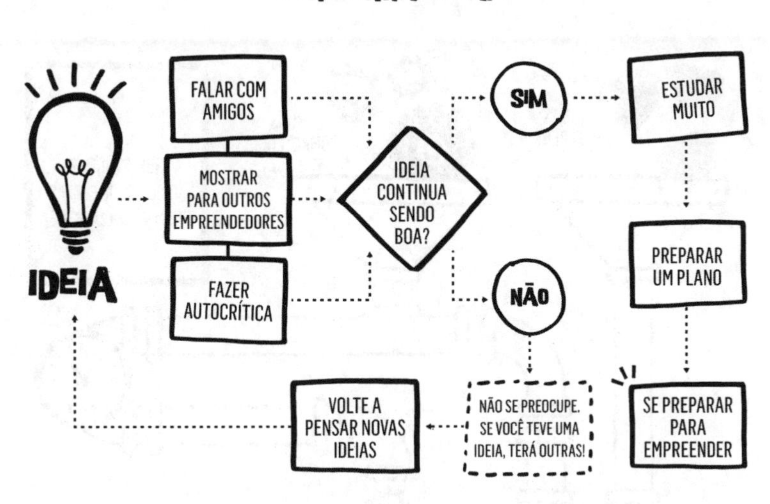

Funil de ideias

Para quem tem vontade de empreender, mas ainda não conseguiu definir para onde ir ou em que atividade investir, o professor e craque do ramo Marcelo Nakagawa criou uma forma de organizar o pensamento que promete ajudar nessa hora. É o funil de ideias.

Existem duas estratégias. Uma delas faz a análise com base na vivência do empreendedor. A outra se baseia nos dados do mercado. Ambos os funis são formas de gerar mais ideias e selecionar, entre elas, a melhor para abrir um negócio próprio. Vamos entender melhor essa proposta.

Com base na vivência

O funil de ideias baseado na vivência permite encontrar um negócio alinhado com seu perfil empreendedor. Liste e avalie suas preferências (de um lado) e competências (do outro), respondendo a três perguntas: "Quem é você?", "O que você sabe fazer?" e "Quem você conhece?".

É preciso relacionar preferências e competências, avaliando de

FUNIL DE IDEIAS "A PARTIR DA SUA VIVÊNCIA"

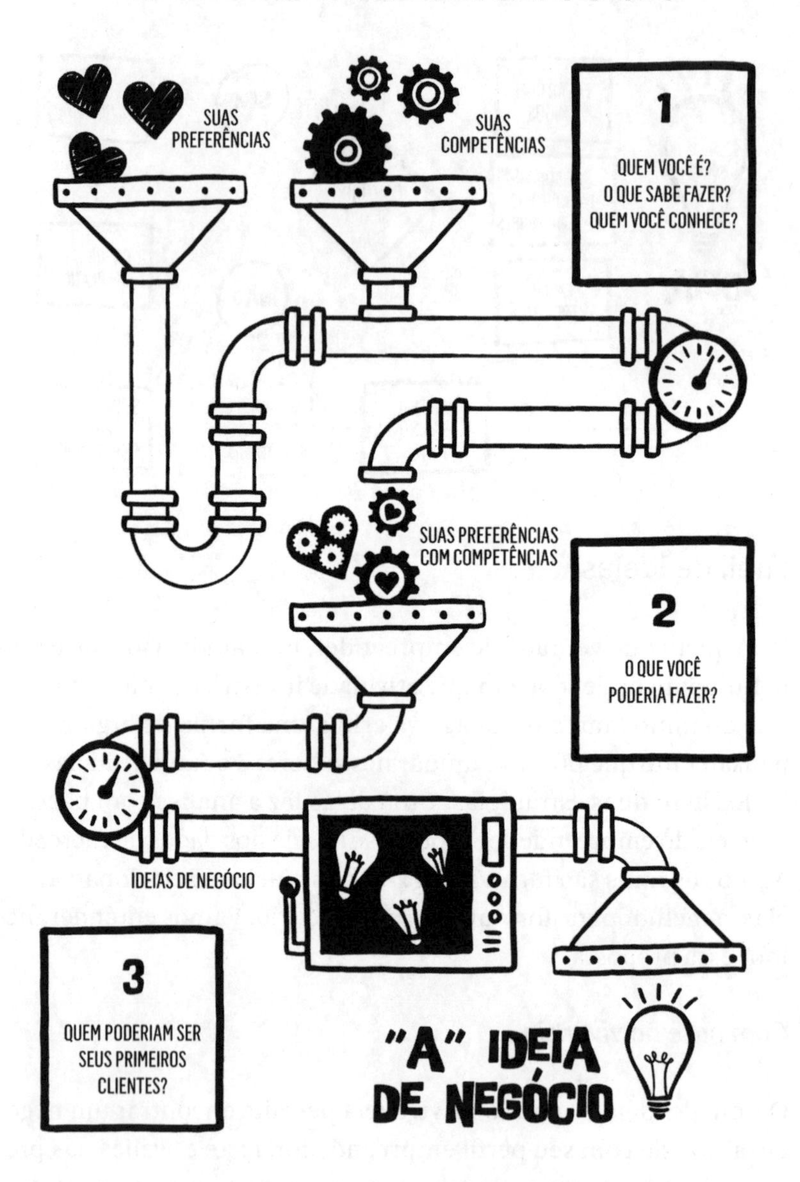

forma prática as habilidades que você tem para tornar o empreendimento viável. Liste os negócios que podem ser criados. Qual deles seria mais adequado para você?

Por fim, confronte as sugestões de negócios com as possibilidades reais do mercado. Quais seriam seus primeiros clientes? No final, uma grande ideia pode surgir.

Com base no mercado

Outra maneira de usar o método do funil é analisar o mercado. Procure identificar ideias de que gostou e que talvez estejam em outra cidade ou país. Você também pode identificar deficiências: um produto ou um serviço de que não tenha gostado e que poderia ser melhor. Há, ainda, a possibilidade de avaliar as tendências do mercado: pense no que vai acontecer na sua região daqui a dois, cinco, dez anos e identifique oportunidades.

Esse brainstorming inicial ajuda você a ponderar: quais ideias são mais motivadoras? Quais se identificam mais com seu propósito, com suas paixões? Quais são mais compatíveis com seu perfil, considerando suas preferências e competências?

Por fim, das que sobraram, avalie qual teria maior potencial no mercado. Você pode chegar à grande vencedora.

Transformando a ideia em negócio

Até agora citamos a criação de ideias como aspecto relevante no nascimento de uma empresa. Esse pode ser o pontapé para lançar um novo produto, uma forma diferente de prestar um serviço, um atendimento ou pós-venda inéditos no mercado. Mas... e quando a criação é por si só o combustível necessário para a perpetuação do negócio?

É assim no mundo da moda. Um dos maiores ícones do sucesso empreendedor nesse ramo é Alexandre Herchcovitch. Ele conseguiu aliar seu talento criativo como estilista e designer a um impressionante tino para os negócios, levando suas peças a milhares

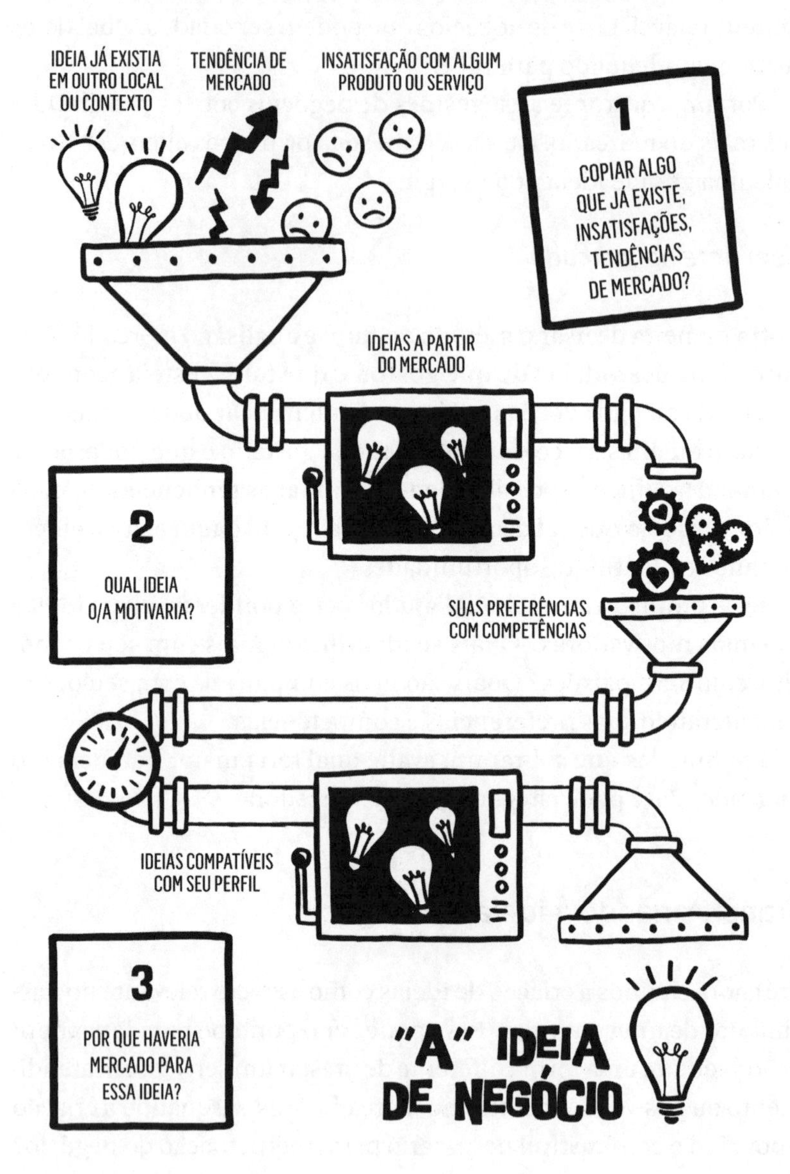
FUNIL DE IDEIAS "A PARTIR DO MERCADO"
IDEIA JÁ EXISTIA EM OUTRO LOCAL OU CONTEXTO
TENDÊNCIA DE MERCADO
INSATISFAÇÃO COM ALGUM PRODUTO OU SERVIÇO
1
COPIAR ALGO QUE JÁ EXISTE, INSATISFAÇÕES, TENDÊNCIAS DE MERCADO?
IDEIAS A PARTIR DO MERCADO
2
QUAL IDEIA O/A MOTIVARIA?
SUAS PREFERÊNCIAS COM COMPETÊNCIAS
IDEIAS COMPATÍVEIS COM SEU PERFIL
3
POR QUE HAVERIA MERCADO PARA ESSA IDEIA?
"A" IDEIA DE NEGÓCIO

de pessoas. Herchcovitch aceitou nosso convite e conta para você um pouco dessa trajetória que juntou o processo de criatividade, empreendedorismo e uma estratégia clara de crescimento:

Herchcovitch para todos

Em 1993 fundei a marca que não poderia ter outro nome senão o meu, uma vez que minhas criações sempre falaram muito sobre mim.

No início, tudo ocorreu intuitivamente. Lancei um pequeno comércio de peças sob medida ou com pouca repetição, pois as pessoas queriam muito criações exclusivas, e tomei gosto por esse jogo de produzir e vender.

Mais tarde, em 1998, após vários pedidos por coleções mais acessíveis comercialmente e mais usáveis, surgiu uma linha dentro da marca que tinha como foco principal a criação de jeans e camisetas. Dessa vez as peças eram produzidas em escala maior, com repetições de trezentas peças por item em média, chegando ao dobro quando a caveira, símbolo da marca, aparecia.

Um passo ainda mais significativo foi dado no início dos anos 2000, quando decidi aceitar propostas de licenciamento da marca. Aí os produtos criados e assinados por mim chegariam de fato a milhares de pessoas.

Fui muito criticado, pois o aumento da circulação do meu nome através dos produtos licenciados popularizaria a marca.

Minha resposta a isso sempre foi: não tenho medo da popularização. Produtos mais baratos quase nunca têm um design interessante. Minha missão é justamente mudar esse quadro — assinar e criar produtos populares que sejam interessantes e que mesmo assim tenham um bom preço.

Não me arrependo de nenhum desses passos. Se houver oportunidade de criar algo melhor e mais acessível, aceito.

As maiores dúvidas

Certamente você, que quer empreender (ou que já está em ação), terá mais cada vez mais dúvidas depois de decidir começar. Seguem algumas questões provocativas para sua reflexão.

Como saber se estou pronto?
Não há um meio exato de saber. Você se sentirá pronto. Mas provoque-se: você se preparou de verdade?

Como saber se vai dar certo?
Impossível. No mínimo você precisa estar seguro de que está preparado, de que estudou bastante o assunto, de que conversou com muita gente e sabe o que o espera. Com isso, a probabilidade de dar certo aumenta muito.

Como saber se escolhi o empreendimento certo?
A certeza só virá no teste de fogo do mercado: prosperidade ou falência. Mas uma boa maneira de verificar se sua escolha parece promissora é fazer uma dupla ou até uma tripla checagem com amigos empreendedores sobre sua ideia. Peça feedbacks críticos e sinceros.

Como saber se sou empreendedor de verdade ou de sucesso?
Se você resolveu empreender é porque é um empreendedor. Um empreendedor de verdade. Muita persistência, determinação e um pouco de sorte trarão esse sucesso que você almeja!

Uma das entidades que mais ajuda os empreendedores a criar e a fazer crescer os negócios em países emergentes é a Endeavor. Convidamos Juliano Seabra, diretor-geral da Endeavor Brasil, para nos explicar um pouco como funciona esse trabalho e como ele vê o momento atual do empreendedorismo em nosso país. Leia a seguir o depoimento dele:

Os devotos de santo Antônio

Certa vez, Nizan Guanaes, um dos maiores empreendedores brasileiros da indústria de comunicação, deu uma definição particular sobre a Endeavor: "O santo Antônio dos empreendedores". Ele se referia ao fato de a Endeavor conectar donos de negócios, que vivem muitos momentos de solidão em suas trajetórias, com mentores voluntários que, baseados em suas experiências, pudessem orientá-los.

A Endeavor é uma organização internacional, presente em quase 25 países, que está no Brasil desde 2000 promovendo a cultura do empreendedorismo de alto impacto. Acreditamos no poder transformador que os empreendedores podem ter na sociedade e no quão transformadoras podem ser as conexões entre eles e pessoas mais experientes, que são nossos mentores voluntários. Temos orgulho de apoiar continuamente mais de uma centena de empreendedores brasileiros e, com isso, poder levar aprendizados práticos a alguns milhões por ano em nosso portal na internet. Em resumo: somos uma grande tribo que reúne pessoas que, antes da Endeavor, estavam dispersas na sociedade.

A vida de um empreendedor é extremamente solitária: da ideia original ao momento de tirar a empresa do papel, isolamento é a palavra de ordem. Para os familiares, a pessoa enlouqueceu; para os amigos, a obsessão pelo negócio torna você um chato. Encontrar sócios e levantar capital é uma tarefa hercúlea — isso sem falar na dificuldade de atrair gente boa quando tudo o que se tem é apenas a promessa de um futuro melhor.

Rompidas as barreiras iniciais e com o barco na água, o empreendedor se descobre ainda mais sozinho. As jornadas de trabalho são intermináveis, a separação entre trabalho e família vai para o espaço. Sem o apoio irrestrito da sua família, o empreendedor perde seu sistema básico de suporte emocional e pode mergulhar em crises pessoais profundas.

Ao crescer como empresário, descobrimos que aquelas competências que achávamos que tínhamos ao iniciar são insuficientes. Não somos o CEO dos sonhos, aquele sócio perfeito se tornou um pesadelo; as dívidas e os problemas se acumulam, uma sensação profunda de incapacidade toma conta.

O quadro que acabo de pintar acontece na vida de quase todos os mais de 10 milhões de empreendedores brasileiros, em maior ou menor grau, todos os dias. Mais: acontece na vida de quase todos os empreendedores do mundo. Portanto, empreendedor, relaxe: você não está sozinho no seu atoleiro de dificuldades.

Ao empreender, estamos lidando com o nosso maior potencial: o de construir coisas novas, contribuir para o desenvolvimento humano, resolver grandes questões da sociedade. Ao mesmo tempo, essa opção nos faz conviver com o risco, com a incerteza e com o desconhecido.

Por isso é tão importante que o processo de construção de um negócio seja baseado na formação de capital social. Ao construir uma rede de relacionamento, nos tornamos capazes de expandir nossa própria capacidade, tomando emprestado de outras pessoas conhecimentos e habilidades que não possuímos. Mais: nos tornamos mais confiantes, fortalecemos nosso suporte emocional. Na prática, ao aprender com outras pessoas, erramos menos!

Estamos vivendo no Brasil uma primeira geração de empreendedores "profissionais". A quantidade de pessoas escolhendo intencionalmente o caminho do negócio próprio a partir da identificação de uma oportunidade é imensa. Mas ainda vemos muita gente que escolhe empreender e ignora a importância de se abrir ao mundo a sua volta. Já presenciei em inúmeras oportunidades empreendedores que optaram por não contar sua ideia para pessoas qualificadas em dar contribuições efetivas para o negócio pelo simples temor de ser copiado no dia seguinte. Guardar para si a ideia vai fazer com que você não a coloque à prova e, portanto, não a aperfeiçoe, não veja perspectivas diferentes, não evolua.

Faço um desafio a você, leitor-empreendedor: no seu próximo evento incrível de empreendedorismo, aproveite aquele intervalo do café para conversar com a pessoa ao lado. Troque cartões e faça follow-up depois — nem todos vão te responder, mas há uma chance razoável de encontrar gente que pode contribuir genuinamente — com investimento, conhecimento ou conexões. Mas, aconteça o que acontecer, forme a sua rede. Cultive todo dia, retribua o que você ganhou de aprendizado com outros empreendedores.

Nós da Endeavor acreditamos que empreender é um ciclo: você vai começar uma empresa; se for bem-sucedido, vai vendê-la ou abrir capital após crescer e, com sua experiência acumulada, poderá multiplicar seu conhecimento em muitos outros empreendedores que estão começando. Vai deixar de ser um devoto de santo Antônio, rezando para alguém te ajudar, para se tornar parte do milagre de ajudar outras pessoas a realizar o seu potencial.

CAPÍTULO 3

Os principais mitos sobre empreendedorismo

Como vimos até agora, o empreendedorismo está longe de ser o mundo bonito que muitos imaginam. A realidade é mais árdua e desafiadora. Entre tantas histórias e fantasias, há alguns mitos bem comuns. Quem empreende já conhece e sabe que não é bem assim. Neste capítulo, selecionamos alguns deles.

O mito da "grande sacada"

Nós podemos apostar que não foi uma única vez, nem duas, nem três que você se deparou com um negócio promissor, um empreendedor voando alto, uma loja nova lotada e pensou: "Puxa, que sacada! Por que eu não tive essa ideia antes?".

É bem verdade que alguns poucos negócios, que cresceram em ritmo alucinado e se constituíram em gigantescas companhias, nasceram de uma ideia brilhante e criativa. Mas é fato também que uma proporção muito maior dos empreendimentos conseguiu crescer mais usando método, empenho, planejamento e disciplina do que lastreados apenas no momento de um insight genial.

A grande sacada é importante, mas não pode ser a sua única chance, pois é bastante provável que ela nunca aconteça.

O pulo do gato é transformar a ideia — seja qual for, genial, exclusiva, inédita e inovadora ou não — em um negócio promissor. E isso se dá através de uma execução primorosa.

O mito da ideia secreta

Muita gente tem uma ideia e a guarda na gaveta, não conta para ninguém, com medo de que seja roubada. Para essas pessoas, valem algumas provocações.

1. Se a ideia pode ser copiada assim facilmente, será que ela é tão boa assim?

2. Uma ideia na gaveta não é nada; a execução da ideia é que levará ao sucesso.

3. Uma ideia em que só você pensou e não contou para ninguém pode ser uma enorme bobagem que irá morrer na sua gaveta (e mui-

tas vezes você com ela, triste, angustiado). E você nunca irá saber se daria certo ou não.

4. Não existe nada mais frustrante do que aquelas pessoas que, quando encontram uma ideia semelhante sendo executada, dizem: "Nossa, roubaram minha ideia!". SUA ideia, cara-pálida? No máximo a ideia era da sua gaveta!

5. Ninguém deu certo sozinho com uma ideia trancada no cofre.

O mito de que sucesso é a mesma coisa para todo mundo

Uma das coisas mais importantes em que você deve pensar antes de empreender é o que a palavra "sucesso" significa na sua vida. Dinheiro? Fama? Criar uma empresa? Vida tranquila? Cada um tem a sua própria definição de sucesso — e é só ela que irá fazer você se sentir bem.

Quando alguém vier falar de sucesso, procure compreender se o conceito dessa pessoa corresponde ao seu. Caso contrário, seu risco é começar a perseguir uma ideia que não te traz satisfação ou felicidade de verdade.

Se está empreendendo para se realizar, para ter sucesso, saiba qual é esse desejo ardente que você carrega. Tenha uma meta clara e objetiva. Isso ajuda a traçar um caminho mais direto para atingi-la. Como disse Napoleon Hill: "Uma meta é um sonho com prazo".

O mito da vida mansa

Outro mito é que empreender é ter vida boa, mansa, sair cedo na sexta-feira, viajar muito e trabalhar pouco. Nada mais falso.

Se o seu negócio der certo, depois de muitos anos e muito, muito suor, esforço, dedicação e trabalho incansável, quem sabe você conquiste essa vida boa. Antes, esqueça. Prepare-se para trabalhar como nunca e dar o sangue por seu negócio. O lado bom é que, se for algo pelo qual você é apaixonado, uma ideia na qual acredita muito, as horas de esforço serão também recompensadoras e gratificantes. Atribuem a Confúcio o pensamento: "Escolha um trabalho que você ame, e não terá de trabalhar um único dia em sua vida". Chegar até o objetivo é uma delícia, mas a caminhada também precisa ser prazerosa — porque ela será longa e intensa.

O mito do dinheiro fácil

Muita gente olha empreendedores de sucesso e não vê que eles estão na estrada há anos e que ralaram muito, muito mesmo.

Aí, observam um bom padrão de vida, carro novo, mansão, viagens para o exterior... e não enxergam os anos de luta, de vida dura. Não sabem que o empreendedor certa vez até vendeu o carro para pagar as contas, ou que mal conseguia comer em um restaurante bacana de vez em quando porque não tinha dinheiro na conta.

"O sucesso rápido só acontece em dez anos" — já dissemos isso neste livro, mas sempre vale lembrar.

Se você conhece um empreendedor de sucesso e o tem como modelo, converse com ele e pergunte como chegou lá, que tipo de sacrifício teve de fazer. Ao longo de dezenas e dezenas de entrevistas com alguns dos maiores empresários e empreendedores do país, jamais ouvimos como resposta "Foi fácil, não passei aperto nenhum" — ao contrário.

A marca mais frequente, constante e presente no DNA empreendedor desses ícones é a capacidade impressionante de suplantar dificuldades e continuar andando após encontrar abismos diante dos quais a grande maioria sucumbiria.

É sim possível e desejável que você prospere, que o seu negócio seja um sucesso, que você ganhe muito dinheiro! Mas sua determinação precisa continuar ativa e inabalada, ainda que o retorno financeiro não apareça no horizonte que você imaginou.

O mito de que o melhor é crescer sozinho

Ao longo do nascimento e da expansão de um negócio, os empreendedores precisam contar com ajuda — isso facilita, e muito, a jornada. Crescer sozinho raramente é a melhor saída. Pessoas que conseguem atrair talentos e montar um time engajado para essa empreitada têm resultados incríveis. Veja, a seguir, o que diz Sofia Esteves, uma das maiores empreendedoras do país e fundadora do grupo DMRH, especializado em recrutamento.

A primeira coisa que aprendi na minha vida profissional, logo no meu primeiro emprego, e que trago comigo até hoje, é que quando a gente se dedica às pessoas, elas reconhecem e retribuem.

Ao longo da minha trajetória tive diversas provas de que essa frase é verdadeira, começando pelo meu primeiro chefe, que não me dispensou apesar de eu, com pouco tempo de empresa, precisar me afastar para resolver questões familiares. Algum tempo depois, contei com o apoio das consultoras da minha empresa, que ainda era pequena, para enfrentar a crise gerada pelo Plano Collor. Elas não quiseram deixar a DMRH, apesar das dificuldades. Mais adiante, com o negócio mais maduro, precisei me afastar por quase um ano por conta do nascimento do meu segundo filho. Quando voltei, a empresa estava melhor do que quando a deixei. A equipe e os clientes foram muito solidários.

Todas as nossas conquistas e aprendizados são marcados por pessoas. A minha história como empreendedora começou impulsionada por uma pessoa, o diretor de RH de uma grande companhia nacional que apostou no meu trabalho para terceirizar um processo de recrutamento e seleção. Ele me levou a dar o primeiro passo para criar a DM. Hoje tenho mais de duzentas pessoas trabalhando comigo na organização que idealizei, mas que não teria crescido sem o esforço de cada um que passou por ela.

Os parceiros e colaboradores ideais para nos ajudar a concretizar e fazer o sonho do negócio próprio crescer vão aparecendo ao longo do caminho, às vezes até de maneira surpreendente. A melhor forma de identificá-los é pela percepção do quanto estão alinhados com os valores e propósitos que você tem e que quer imprimir no seu empreendimento.

CAPÍTULO 4

Nasce uma empresa

Você já escolheu o segmento e pensou no que vai fazer. Decidiu que vai abrir uma empresa. Para o nascimento dela, é preciso seguir alguns passos — simples, mas fundamentais.

Os primeiros passos de sua empresa

- Escolha um nome.
- Veja se o domínio (site com o nome da sua empresa) está disponível e, se estiver, registre-o. Se não estiver livre, volte ao passo acima. Para completar, crie um e-mail corporativo.
- Faça uma busca de marcas no site do Instituto Nacional da Propriedade Industrial (Inpi). Se já houver alguma marca idêntica ou parecida com a sua dentro da mesma classe de produtos ou serviços, volte ao primeiro passo.
- Escolha um contador para te ajudar; registre a sua empresa e a sua marca.
- Defina a localização ideal.
- Crie um logotipo e uma identidade visual.
- A cara da sua empresa: que imagem você quer transmitir?

O nome da sua empresa

Para falar um pouco sobre um dos processos mais básicos da sua empresa — escolher o nome que irá estampar seu cartão, sua loja, seu negócio —, convidamos Beto Almeida, da Interbrand, uma das principais companhias que trabalham com apresentação de marcas. Olha só!

Causar uma boa primeira impressão é essencial. Se é bom para você, para sua marca é mais importante ainda. E, na maioria das vezes, é o nome que tem esse papel de quebrar o gelo inicial. Um bom nome é aquele capaz de transmitir a grande ideia, a personalidade, os conceitos que regem a sua marca e que a diferenciam de seus concorrentes.

Essa tarefa não é das mais fáceis. Um bom nome nasce de um entendimento claro tanto da sua estratégia de negócio quanto da sua estratégia de marca. Se levarmos em conta que mais de 2 milhões de marcas são registradas anualmente, as 26 letras de nosso alfabeto, os dez algarismos e mais alguns símbolos ortográficos parecem insuficientes para criar algo novo.

Por isso, é importante definir um briefing criativo. Existem algumas dicas bem úteis nesse momento.

1. Defina uma estratégia para sua marca

Como ela quer ser percebida? Quais são suas características mais humanas? Qual é a sua personalidade? Quem é seu público-alvo? Qual o propósito mais inspirador que você vai construir?

Pode ter certeza: nós não compramos produtos; compramos marcas que nos atraem, que correspondem aos nossos anseios e desejos. Marca é aquilo que fala de você quando você não está presente. Ter clareza nas respostas às perguntas acima é essencial para dar os próximos passos e criar algo realmente diferenciado.

2. Defina se o nome de sua empresa será descritivo, sugestivo ou abstrato

Existem nomes que vão direto ao ponto, outros que te sugerem algo e, ainda, alguns que são uma página em branco, pronta para ser preenchida. Qual o melhor para a sua marca? Isso vai depender do seu negócio, do seu portfólio de produtos e também daquilo que você imagina para o futuro desse mercado.

Por exemplo: Banco do Brasil é um nome que não deixa margem para dúvidas sobre o que a marca vende e qual a sua origem. Portanto, não necessita de um grande investimento para comunicar isso. Por outro lado, é pouco diferenciada (milhares de marcas têm Brasil no nome), e isso pode ser um problema em uma possível internacionalização do negócio. Isso sem falar na dificuldade de registrar e proteger esse tipo de nome, mais descritivo.

Nomes associativos ou abstratos normalmente são um pouco mais fáceis de registrar e proteger, mas por outro lado exigem mais investimento para que se comuniquem de maneira clara com seu público-alvo. Natura é um nome associativo, que remete à natureza, algo importante na construção da imagem de marca da empresa. Entretanto, não descreve o ramo de atuação, por isso necessita de alguma explicação.

Nomes abstratos, como Google ou Häagen-Dazs, são páginas em branco. Desta forma, podemos associá-los a qualquer tipo de produto ou ramo de atuação — desde que haja o investimento necessário para construir essa ideia na cabeça do consumidor.

E o site?

Sua empresa tem área de atuação definida e nome. Só falta fazer tudo isso e descobrir, ao final do processo, que o site que você queria para ela já está registrado!

Em plena era da tecnologia, não deixe para decidir no futuro se a empresa precisa ter um site. Esse processo tem de ser parte do nascimento dela. Registrar um domínio é fácil (você pode fazer pela internet) e custa pouco. Não pule essa etapa.

Falaremos mais sobre como sua empresa pode aproveitar os benefícios da internet nos próximos capítulos.

Uma vez registrado o domínio, você já pode criar um e-mail corporativo. A operação também é barata e ajuda muito a transmitir credibilidade. Causa uma impressão muito mais profissional ter um endereço como seunome@nomedasuaempresa.com.br do que aqueles mais genéricos (como @yahoo, @hotmail, @gmail etc.).

Registro da marca

Muitos empreendedores dão pouca importância ao registro da marca no Inpi, mas isso deve ser feito o quanto antes. O processo todo leva tempo para ser concluído, e a falta de registro da marca, se não for algo obrigatório no início, pode fazer muita falta mais para a frente, quando a empresa começar a crescer e se expandir. Quanto antes você iniciar o processo, melhor!

A burocracia

Um dos passos mais importantes é a contratação de um contador para cuidar do processo formal de abertura da empresa, com registro na junta comercial de seu estado, obtenção de CNPJ, eventuais alvarás de funcionamento e burocracias do tipo. Sem isso você não irá sair do lugar.

Muitos empreendedores subestimam a importância dessa etapa e não dedicam tempo para fazer tudo certo e cuidar de todos os detalhes. Erros no início podem cobrar uma conta cara no futuro. Peça recomendações de amigos empreendedores e escolha um profissional de contabilidade em quem você sinta confiança.

O presidente do Sebrae Nacional, Luiz Barretto, fala sobre a importância de começar de maneira legalmente correta.

Formalização é condição para crescer

Presentes em todas as regiões, os pequenos negócios são responsáveis por 85% da expansão dos postos de trabalho formal na última década e geram mais de um quarto do PIB. Em um mercado interno como o nosso, com mais de 100 milhões de potenciais consumidores e aquecido pelo aumento de renda, não faltam oportunidades para quem quer ser empreendedor.

Para aproveitar essas oportunidades, porém, o empreendedor precisa considerar algumas iniciativas fundamentais. A primeira delas é a formalização, sem a qual o empreendedor fica em grande desvantagem diante de uma concorrência cada vez mais numerosa e competitiva. Com um CNPJ, o pequeno negócio amplia muito seus potenciais clientes. Ele pode emitir nota fiscal e participar de licitações públicas, ter acesso mais fácil a empréstimos, fazer vendas por meio de máquinas de cartão de crédito. Com mais oportunidades no mercado, aumentam as chances de crescer, o que é bom para o empreendedor e para a economia nacional.

Daí a importância de simplificar cada vez mais o caminho da formalização. Um marco positivo nesse sentido foi a criação, em 2009, da figura do microempreendedor individual (MEI) para quem fatura até 60 mil reais por ano. É possível se formalizar como MEI de maneira simples e rápida através do Portal do Empreendedor, pagando apenas cerca de quarenta reais por mês em impostos. Mais de 4,1 milhões de pessoas se formalizaram como MEI desde que a categoria foi criada, há cinco anos.

Os erros mais frequentes dos novos empreendedores

Pronto! Tiramos a empresa da ideia e já a colocamos no papel e na web. Tudo engatilhado para começar. Lógico que o aprendizado envolve, necessariamente, um processo repleto de erros e acertos. Mas é bom evitar alguns tropeços desnecessários, não? Veja a seguir alguns dos erros mais comuns de empreendedores de primeira viagem.

Misturar a pessoa física com a jurídica nas contas da empresa.
O empreendedor que paga as contas pessoais com dinheiro do negócio ou vice-versa cria um grande caos financeiro e contábil na companhia.

Não fazer planejamento e não ter um plano de negócios.
O empreendedor que toca sua empresa apenas segundo seu tino, seu faro de negócios, e não faz o exercício de planejamento, pode perder várias oportunidades. Basta sentar e planejar, e seu plano de negócios terá muito mais chances de se materializar (falaremos mais disso nas próximas páginas).

Não saber o que é capital de giro e não planejar o capital necessário.
É muito comum o empreendedor esquecer que há necessidade de capital para tocar o dia a dia do negócio. E então não consegue fazer coisas básicas, como pagar fornecedores antes de receber dos clientes. Luiza Helena Trajano, uma das empreendedoras mais admiradas e poderosas do país, responsável pela gigantesca expansão da sua rede Magazine Luiza, disse em entrevista ao *Conta Corrente*: "O momento mais difícil é quando você cresce sem capital de giro. Cuide do fluxo de caixa. Fluxo de caixa quebra uma empresa. Pense grande, mas aja conforme seu bolso. Não confunda capital de giro com lucro e não gaste mais do que pode".

Não estudar profundamente o seu segmento de atuação.
A ideia ou o tino do empreendedor são importantes, mas insuficientes. Sempre se deve pesquisar profundamente o segmento no qual se está entrando.

Ser excessivamente otimista.
Empreendedores são seres otimistas por natureza. O erro é exagerar na dose e subestimar os desafios e as dificuldades, descolando a expectativa da realidade em decorrência da empolgação. E, claro,

não subestime o volume de energia e dedicação que terá de devotar a seu negócio.

Definindo a localização ideal

Dependendo da sua área de atuação e do foco do seu negócio, a localização ganha maior ou menor importância. Para algumas atividades, ela é secundária. Se você trabalha com o mercado digital e todos os seus negócios estão concentrados na web, por exemplo, pouco importa se o seu computador está em um escritório físico, num bairro chique, em um home office ou se você está operando um laptop enquanto toma uma água de coco de bermuda olhando para o mar do Caribe. Por outro lado, se a sua empresa vende produtos ou serviços em loja física e depende do fluxo de clientes passando na vitrine, o local é determinante para o sucesso da empreitada.

Marcus Rizzo, dono da Rizzo Franchise e especialista no segmento de franquias (onde a localização é vital para o sucesso), recomenda: "Não tente adaptar o seu negócio ao ponto. Busque pontos adequados ao seu conceito". Quando você adquire uma franquia, o franqueador te auxilia na busca por um ponto comercial ideal. Mas se você está sozinho, montar o próprio negócio é tarefa mais complexa. Rizzo indica os passos cruciais para escolher o melhor ponto e minimizar o risco nessa hora.

Passo 1: perfil do cliente

Defina o público-alvo: sexo, faixa etária, renda, razões de compra. Entenda os hábitos do seu consumidor em potencial. Observar a concorrência também podem ajudar nessa identificação.

Passo 2: perfil de localização do negócio

O seu negócio tem características de "passagem" ou de "destino"? Negócios de passagem exigem grande número de pessoas trafegando pelo ponto e capacidade de atrair os passantes do perfil-alvo para transformar a visita em vendas. Negócios de destino exigem que os consumidores se desloquem até o ponto, e facilidades como estacionamento e visibilidade à distância precisam ser oferecidas. Procure identificar também os polos de atratividade — outros negócios que atraem clientes para o seu, como igrejas, supermercados, cinemas etc. Verifique ainda quais são e onde estão seus concorrentes diretos.

Passo 3: área de influência e de mercado

De acordo com um estudo de 2013 conduzido pelo professor David L. Huff, da Universidade do Texas, um negócio comercial consegue influenciar e atrair a maioria de seus consumidores num raio máximo de três quilômetros. Procure áreas onde seu público-alvo esteja concentrado, isto é, locais onde ele trabalhe ou resida.

Avalie regiões ou bairros em que negócios similares já tiveram sucesso ou falharam. Converse com os comerciantes da vizinhança. Identifique padrões de tráfego e a facilidade de acesso. Visite os concorrentes pessoalmente, analise como se apresentam por fora e por dentro e identifique o movimento que aparentam ter.

Passo 4: definindo o ponto

Fluxo de pedestres — Anote a quantidade de passantes pelo ponto em diferentes dias e horários. Conheça de onde eles vêm e para onde estão se dirigindo (fator determinante para negócios de passagem com ticket médio-baixo).

Estimativa de receitas — Pegue a contagem do fluxo de pessoas por hora e multiplique pelo número de horas que seu estabelecimento ficará aberto, pelo número de dias do mês em operação, pela taxa de conversão (percentual de passantes que deverão se tornar clientes, nunca acima de 15% do total) e pelo valor do ticket médio. Por exemplo: 168 pessoas/hora (que passam pelo ponto) × 10 horas por dia × 26 dias de funcionamento × 8% de taxa de conversão × 18 reais de ticket médio = 62 892 reais de faturamento mensal estimado para o ponto em avaliação.

Visibilidade — Seu ponto comercial precisa chamar atenção, isto é, ser visto de longe pelas pessoas que estão passando a pé (até cinco metros) ou de carro (até cinquenta metros). Identifique as variáveis (placas, postes, calçada e outros) que atrapalham a visibilidade. Faça o mesmo utilizando a distância a partir de um veículo. Instalar o seu empreendimento em uma esquina ajuda muito. A iluminação da rua e o sol também fazem parte do fator "visibilidade". No inverno as pessoas buscam o lado da rua com sol e no verão trocam de calçada. Se for uma rua bem iluminada, sua loja vai chamar atenção mesmo depois de escurecer.

Acessibilidade — Avalie as eventuais dificuldades de entrada de veículos e pessoas na área e no ponto. Busque as facilidades existentes, como pontos de ônibus, estação de metrô, estacionamentos e até sinais de trânsito e faixa de pedestres. No ponto, considere que escadas, degraus, colunas atrapalham o acesso e a saída de clientes.

Competição — Uma região que não apresenta nenhuma concorrência pode ser um problema. Ter bons concorrentes significa que há mercado. Ele está sendo adequadamente atendido? Que porcentagem desse mercado você pode conquistar? Prefere ser pioneiro, apesar dos custos e dos riscos?

Passo 5: avaliando o ponto

Despesas de ocupação — Gastos como aluguel, luvas, impostos, taxas de funcionamento e condomínio não devem ultrapassar 12% das receitas. Lembre-se de que aluguéis e luvas são negociáveis — negocie tudo! Luva de ponto não é investimento, é despesa! Se você pensa em montar um negócio para vender o ponto... desista dessa ideia!

Adequação do imóvel — Para o proprietário, ter uma marca reconhecida ocupando as instalações *é* garantia adicional de que receberá o aluguel. Aproveite para conseguir melhores condições, redução de valores e carência enquanto executa as reformas. Consulte um advogado especialista em locações para entender o contrato proposto pelo proprietário. É possível negociar um contrato que possa ser revogado se o negócio não der certo.

Aspectos legais — Fique atento às questões burocráticas: para abrir um estabelecimento é preciso respeitar uma série de leis e obter várias licenças. Vale fazer uma consulta preliminar a órgãos públicos para evitar dores de cabeça futuras (imagine ter sua inauguração impedida?).

Passo 6: é hora de escolher!

Faça uma análise comparativa entre os pontos avaliados dentro da área de mercado selecionada e decida! Utilize a previsão de receitas, despesas (fixas e variáveis) e a necessidade de investimento para calcular a viabilidade do empreendimento e o tempo de retorno do negócio. E boa sorte!

Crie um logotipo e uma identidade visual

Como regra de bolso, busque um visual simples e não tente transmitir, no logotipo, tudo o que a empresa faz. Use uma fonte de fácil leitura, com personalidade, e evite imagens comuns, daquelas que você acha na internet.

O ideal é contratar uma empresa especializada para a criação do logo — e que seja craque para cuidar da identidade visual do seu negócio. Se não tiver recursos para essa contratação, há alguns sites que te conectam com freelancers que podem fazer um trabalho mais em conta.

Os americanos têm um ditado: "*Keep it simple, stupid*" ou "Kiss", que quer dizer mais ou menos "Faça as coisas de forma simples, seu tonto". É um bom mantra na hora de pensar sobre o "carimbo" da sua empresa.

É o que diz Beto Almeida, da Interbrand, empresa especialista em marcas:

> Vá além do logo. Defina os elementos visuais indispensáveis. Sim, o logo é extremamente importante e deve ser um grande porta-voz da sua marca, mas uma identidade visual não se limita apenas a ele. Ela é composta de uma série de pontos de contato que acontecem nos mais diversos momentos. Pode ser no cartão de visita, em uma fachada, nas embalagens do produto, no site, no aplicativo, e por aí vai. O segredo é manter a conectividade entre todos esses pontos de contato. Para isso acontecer, a marca deve criar seus elementos visuais indispensáveis, o tal vermelho e branco da Coca-Cola, a moldura amarela da *National*

Geographic ou os arcos amarelos do McDonald's. Esses elementos estão em absolutamente todos os pontos de contato da marca.

Alguns profissionais do ramo chamam esse pacote formal consolidado com as diretrizes visuais da marca (envolvendo cores, fontes, tamanhos, formas, linguagem visual) de *brandbook*. Pode ser interessante criar um *brandbook* para seu negócio.

A cara da sua empresa: que imagem você quer transmitir?

Como você quer que seja o "jeitão" da sua empresa? Qual será a cultura, a imagem, o ideal que pretende transmitir e disseminar por meio dela?

Rony Meisler é um empreendedor brilhante. Fundador do grupo Reserva, ajudou a imprimir uma forte personalidade à empresa que toca. A seguir, ele conta um pouco da sua visão, da sua estratégia e das iniciativas que dão cara à sua marca.

Semancol

O Brasil é a sétima maior economia do mundo, mas ocupa o 75º posto no ranking mundial de IDH (Índice de Desenvolvimento Humano), atrás de países como Trinidad e Tobago, Cuba e Azerbaijão. E de quem é a culpa? "Do Estado, claro", diríamos nós. Entretanto, esquecemos que uma sociedade é composta por três entidades: Estado, cidadãos e iniciativa privada. O Estado é, sim, o maior responsável pelas condições de bem-estar social do país, mas não *é* o único. Nós, cidadãos e empresas, também somos. E o entendimento de que temos responsabilidade sobre um problema é por si só o início de sua solução.

Precisamos assumir nossa parcela de culpa e fazer mais pelo Brasil. Num país de base histórica populista, nos venderam o besteirol de que a empresa é o demônio opressor e o Estado, o santo milagreiro. Pura demagogia! Morreremos acreditando nisso e com os mesmos problemas de sempre. Quanto desperdício... Uma verdadeira revolução social mora nas iniciativas público-privadas.

Tenho 33 anos, sou empresário, fundador e presidente da Reserva, uma empresa do segmento de moda. Tive o prazer de conhecer muitos negócios geniais com iniciativas transformadoras mundo afora. Negócios fundados e operados por "capitalistas conscientes", respeitados e divulgados globalmente não apenas como grandes exemplos, mas principalmente como soluções sociais. Destaco duas iniciativas internacionais:

A primeira é a americana Patagonia, que tem como propósito usar o seu negócio para inspirar e implementar soluções ambientais. Yvon Chouinard, fundador e presidente da empresa, descobriu que aterros sanitários recebem 2,5 bilhões de roupas por ano e que, em média, cada uma delas leva 250 anos para se decompor. O que ele fez? Lançou uma campanha pedindo que seus consumidores comprassem menos produtos. É isso mesmo. Yvon anuncia em páginas de jornais: "Este produto foi feito para durar, portanto, não compre mais do que um. Se você enjoar dele, use o nosso marketplace para vendê-lo e, se precisar, traga-o para uma de nossas lojas que nós o consertaremos". Absolutamente genial! E a empresa já fatura mais de 1 bilhão de dólares por ano.

A marca californiana de calçados TOMS é outro bom exemplo. Você compra um sapato e a empresa doa outro para uma criança de países subdesenvolvidos, ajudando na diminuição de doenças causadas pelos milhões de pés descalços pelo planeta. A verdade é que todos nós queremos contribuir de alguma forma. Entretanto, por conta da correria do dia a dia, acabamos não priorizando atividades voluntárias ou doações. A TOMS entendeu isso e juntou a fome com a vontade de comer. Você compra um produto bacana e de quebra faz o bem. Mais de 2 milhões de pares de calçados novos já foram distribuídos.

No caso da Reserva, nosso propósito é "dar afeto para as pessoas": clientes, funcionários, comunidades e meio ambiente. Dentre diversas soluções sociais que criamos, destaco três.

1. Reserva Rebeldes com Causa

Assumimos um compromisso com dez empreendedores sociais por ano. Não apenas investimos em seus negócios, mas também oferecemos nosso trabalho através de um programa de voluntariado interno, que se dá durante o horário comercial. A ideia é fazer COM eles, e não PARA eles — acreditamos que assim estimularemos o empreendedorismo em vez do assistencialismo. Isso sem contar que o projeto promove em nossos próprios funcionários a certeza de que acordam todos os dias não só para vender roupas, mas sim para mudar um pouco o mundo a sua volta.

2. AR

A Reserva criou um selo para o Grupo Cultural AfroReggae ao qual demos o nome de AR. Empresas de todos os segmentos — entre elas, Reserva, Natura, Evoke e C&A — licenciam o selo e geram, assim, royalties para o grupo, empurrando o AfroReggae para a sua tão necessária sustentabilidade financeira.

3. Dia 40.076

Todo varejista possui uma enorme pedra no sapato: a ponta de estoque. Por maiores que sejam os saldões, jamais serão suficientes para resolver o problema em sua plenitude. Além do custo do estoque não vendido, a ponta de estoque representa um grande problema logístico, pois acaba acumulada nos centros de distribuição e onera ainda mais as companhias.

O objetivo? Transformar um limão em uma limonada. Inspirada na Black Friday, a Reserva criou o seu oposto: um dia não para celebrar o consumo, e sim o bem-querer. O Dia 40.076 é o último dia da liquidação de verão da marca e véspera da migração das pontas de estoque das lojas para seu centro de distribuição. Nesse dia, 100% do faturamento líquido, não apenas do lucro, é revertido para projetos sociais, como AfroReggae, WWF, Brazil Foundation e todos os participantes do projeto Rebeldes com Causa. A marca 40.076 não faz nenhuma referência à Reserva, pois é *open source* — ou seja, qualquer empresa de qualquer tamanho ou segmento de mercado que queira participar do Dia 40.076 é bem-vinda.

O empresariado brasileiro precisa perder o medo de assumir a sua responsabilidade social. Como consequência, venderá mais. Oportunismo, sim, e dos bons, no sentido mais amplo da palavra! Imaginem um país com empresas que, independentemente dos produtos ou serviços que vendem, tenham como missão contribuir nesse sentido. Imaginem consumidores que comprem das empresas que querem ver prosperar, e não mais necessariamente daquelas que têm os maiores orçamentos de marketing.

O Brasil é democrático e livre o suficiente para que façamos o que é certo, e, nesse sentido, este texto tem como principal objetivo vender--lhes o que talvez seja o maior dos remédios para os meus, os seus e os nossos problemas: o famoso semancol.

CAPÍTULO 5

Internet: uma oportunidade que merece destaque

Não importa o tamanho da empresa, nem se ela já saiu do papel. Hoje em dia, não estar na internet significa perder clientes. Simples assim. Se você decidiu empreender ou se já está tocando um negócio próprio, tem de aproveitar as enormes possibilidades que ela oferece.

Para entender melhor como explorar a presença on-line do seu negócio, vamos tratar de alguns tópicos relacionados ao mundo virtual. Lembre-se de que a presença on-line do seu empreendimento representa uma vitrine virtual. Portanto, você precisa adaptar o modo como pensa e age no mundo cibernético.

Mergulhando na internet

- Conectar a empresa não é apenas ter site, e-commerce ou e-mail. É "pensar de modo digital".
- Não dá para ser digital com pensamento analógico.
- O melhor jeito de aprender é na prática.

Você, como cliente ou internauta, já deve ter sentido isso na pele: alguns sites são claros, intuitivos, dinâmicos, agradáveis, úteis. Outros, uma lástima: de difícil navegabilidade, nada esclarecedores, com informações quase escondidas e em pouco se diferem de um velho panfleto impresso mal transformado em versão para computador.

Essa diferença brutal, ainda mais em um momento em que a internet é acessível aos consumidores não apenas nos computadores de casa ou do escritório, mas também no carro, na rua, no shopping ou no restaurante, através de tablets e smartphones, é um erro primário.

Você pode não ser craque em informática ou especialista em programação, mas não precisa disso para assimilar a importância de ter um site eficiente. E para que ele seja uma alavanca importante para atrair novos consumidores — estimulando-os a conhecer seu empreendimento à distância ou pessoalmente —, preste atenção a alguns aspectos que caracterizam um bom site para seu negócio.

O que fazer para ter um site eficiente

- Mensagem clara do que você vende.
- Visual limpo, bonito e sem "firulas".
- Maneiras de comprar e entrar em contato fáceis de achar.
- Lembre que menos é mais: seja direto e diga a que veio.

Mesmo com essas recomendações, pode ser útil frisar alguns dos erros capitais de sites que mais afastam do que aproximam potenciais clientes.

Um site não pode, de jeito nenhum...

- Não funcionar via *mobile*.
- Não oferecer ao cliente uma forma de entrar em contato.

- Ter musiquinha que só atormenta a vida do visitante.
- Ter ícones, imagens ou símbolos piscantes e animados que só desviam o foco, sem agregar informação.

Usando a internet para vender

Ter uma loja que permanece aberta 24 horas por dia, sete dias por semana, é uma tentação para o empreendedor. Não se você tiver de passar a madrugada sentado atrás do balcão, claro. Por sorte, na internet esse tipo de loja é uma realidade. Você pode e deve usar a rede não apenas como vitrine do seu negócio, mas como força de venda. Aproveitar o e-commerce pode ser uma enorme vantagem para o seu empreendimento.

Além do atrativo de ter a porta aberta ao consumidor a qualquer momento do dia (ou da noite), o comércio eletrônico tem custos interessantes. A estrutura é muito mais barata: você não precisa gastar com um imóvel, vários impostos, segurança patrimonial, funcionários, atendentes... Ou, se já tiver todos esses custos em virtude da sua operação física, poderá otimizá-los, aproveitando a mesma estrutura para vender mais.

Por outro lado, como na internet a comparação de valores é muito mais direta e imediata, isso pode exigir que você ajuste sua estratégia de precificação. De qualquer forma, o mercado virtual está cheio de oportunidades, e você precisa tirar proveito delas para alavancar seu negócio e suas vendas.

O mundo on-line exige uma relação diferente entre lojista e consumidor. O aspecto sinestésico, por exemplo, está ausente. Em uma loja física, antes de efetuar a compra, é possível tocar no objeto, senti-lo, observar os diversos ângulos, ler detalhes da embalagem. No consumo on-line, essa interação toda fica prejudicada.

Outra questão nas transações pela internet é o risco. Os consumidores às vezes têm certo receio de passar os dados do cartão para um site pouco conhecido. Faz sentido: a chance de clonagem ou outro tipo de fraude é significativa. Mas essa percepção de risco já foi muito mais procedente no passado, e hoje existem empresas especializadas na intermediação financeira entre pagadores e lojistas on-line. Com sistemas robustos de segurança e aplicação relativamente simples nos diversos sites, esses intermediadores ajudam a reduzir o risco de calote e a dissipar os temores de alguns internautas.

A tendência para o segmento de e-commerce é de crescimento vigoroso. As vendas no comércio eletrônico têm avançado em um ritmo cerca de dez vezes maior que o das lojas físicas. Além disso, de acordo com a eMarketer, empresa especializada em pesquisas envolvendo o mercado digital, as vendas on-line representam aproximadamente 4,1% do varejo brasileiro. Nos Estados Unidos, a fatia é de 7,1%, e no Reino Unido, 14,4%. Temos muito espaço para avançar. Fique de olho nesse filão.

Outras ferramentas

Além de um site próprio, existem outras ferramentas disponíveis na internet para ajudar a impulsionar seu negócio — e com custos muito atrativos. Veja a seguir uma lista de alternativas.

Ferramentas que podem ser usadas pelo empreendedor

- Redes sociais.
- Ferramentas de busca.
- Sites de comparação de preços.
- Criação de blogs de conteúdo ligado ao tema do seu e-commerce.
- Criação de sites adaptados para a plataforma *mobile*, tanto de apresentação quanto de e-commerce.

Agora, vamos entender melhor cada ferramenta.

Redes sociais

Com a explosão do número de usuários nas redes sociais, as empresas e os empreendedores também precisam olhar com atenção para esse segmento. Afinal, hoje em dia é possível fazer marketing com custos infinitamente mais atraentes do que antes através da internet.

Como acertar na hora de promover sua empresa nas redes sociais

- Os internautas estão interessados em conteúdo (não tanto em produtos).
- Humanize sua marca, aproximando-se mais dos consumidores.
- Utilize as mais diferentes redes sociais (Facebook, Instagram, Twitter, Pinterest, LinkedIn etc.).

As redes sociais e o universo do conteúdo trouxeram para as empresas uma oportunidade nova de comunicação, através da qual conseguem atingir potenciais consumidores de modo mais orgânico e natural — portanto, com investimentos menores do que no passado. Naturalmente, as redes sociais não são um espaço sem dono e já se posicionaram como organizações de mídia que cobram para destacar as informações e os conteúdos das empresas. Mas ainda assim são ferramentas acessíveis ao pequeno negócio.

Ferramentas de busca

Além das redes sociais, ferramentas de busca — em especial o Google — podem ser a grande porta de entrada para novos clientes. Pense nelas como uma vitrine: é por ela que transeuntes irão ver rapidamente seu negócio e é por ela que você pode conquistá-los. Você mesmo já deve ter usado essas ferramentas inúmeras vezes, seja para encontrar um restaurante no final de semana, uma loja que vendia determinado produto ou o prestador de serviço mais próximo da sua casa.

Aparecer na primeira página do Google não é uma tarefa simples e exige uma série de esforços e técnicas conhecidas como SEO (Search Engine Optimization). Você pode aprender o básico sozinho, mas, se quiser bons resultados (e eles são vitais), aconselhamos procurar um especialista. Anúncios em ferramentas de busca também podem ser estrategicamente interessantes.

Sites de comparação de preços

Serviços como o Buscapé são muito importantes e utilizados no Brasil. Eles colocam você frente a frente com seus concorrentes, mostrando quem oferece o melhor preço. Use a ferramenta como se fosse um cliente, sempre comparando sua empresa com as demais e entendendo como você pode se diferenciar nessa competição.

Blogs

Nunca despreze o poder de um blog. Hoje, para muitas pessoas, principalmente as mais jovens, eles são extremamente influentes. Esteja sempre de olho no que eles falam sobre o mercado em que você atua, sobre os produtos/ serviços que você e seu concorrente vendem ou, se for o caso, pense até em criar um blog ligado ao seu segmento de negócio.

Criar e manter um relacionamento com esses blogs ligados à sua área é uma arte, mas também tarefa indispensável para o sucesso da sua empresa. Mostre para os blogueiros que eles e sua empresa podem ter interesses em comum.

Mobile

O número de telefones móveis no país já ultrapassa o da população. Para cada dois brasileiros há três celulares. E o ritmo tem crescido com força. Em 2011, por exemplo, foram vendidos 9 milhões de smartphones. Em 2014, 55 milhões — dois a cada segundo! Somos o quarto maior mercado de celulares do mundo, atrás apenas da China, dos Estados Unidos e da Índia, segundo dados da consultoria IDC. Mais: segundo a Associação Brasileira de Telecomunicações, o acesso à internet móvel triplicou em apenas dois anos, chegando a um patamar próximo de 170 milhões de linhas habilitadas com acesso à banda larga, sendo que 31% dos donos de smartphones acessam a internet todo dia através do aparelho.

Nesse cenário, pensar que seu site será visitado apenas em computadores é perder bons negócios. Cada vez mais as pessoas comprarão coisas e resolverão sua vida pela tela de um smartphone ou até mesmo de um relógio inteligente.

Tenha isso em mente quando for desenvolver seu site. Não adianta ficar maravilhoso em um monitor de computador, mas confuso em uma tela pequena. Converse com o seu desenvolvedor para entender o que pode ser feito — há conceitos, como o de design responsivo, que fazem a página ficar redondinha em qualquer tela.

CAPÍTULO 6

O planejamento: plano de negócios e *business model canvas*

Um negócio, sem um bom planejamento, é como um time de futebol desordenado, sem técnico nem estratégia: leva uma goleada da concorrência. Falhar nessa hora consiste em um dos erros capitais dos empreendedores amadores ou de primeira viagem. Um erro que você pode evitar.

O plano de negócios

O planejamento pode ser realizado sob a forma de um plano de negócios. Esse plano nada mais é que um documento que descreve o objetivo do empreendimento e os passos para atingir as metas. Com ele, você pode maximizar as chances de sucesso e diminuir os riscos, uma vez que cria no papel as simulações de custos, etapas, estratégias, cenários e contratempos que pode enfrentar — sem precisar sofrer com o despreparo quando as incertezas do mercado aparecerem.

Esse plano de negócios é composto por vários aspectos referentes ao seu empreendimento.

Plano de negócios — o que incluir no documento

- Sumário executivo.
- Análise de mercado.
- Descrição do negócio.
- Análise da oportunidade.
- Plano de marketing.
- Plano operacional.
- Plano financeiro e fluxo de caixa.
- Avaliação estratégica.
- Simulação de cenários.
- Resultados esperados.
- Necessidades de capital.
- Oportunidade para investidores/ sócios.
- Oportunidades de saída.

O plano de negócios é uma ferramenta que ajuda o empreendedor a entender seu próprio negócio, especialmente quando ele ainda não existe.

Muitos empreendedores acreditam que o plano de negócios é apenas uma isca para fisgar um investidor. Essa visão acaba minando a grande oportunidade que o empreendedor tem de conhecer profundamente seu próprio negócio, e é por isso que não é interessante contratar alguém para fazer o plano de negócios por você. Peça ajuda se necessário, mas ponha a mão na massa e mergulhe de fato nas particularidades da sua empresa.

Na etapa do planejamento, quando for pensar nos tipos de problemas que sua empresa poderá enfrentar, entenda que eles se resumem em sete categorias: Quem, O quê, Quando, Onde, Por quê, Como e Quanto. Com as respostas certas para essas perguntas, você saberá quem serão os seus clientes, qual será o seu serviço, como ele deverá ser desenvolvido e quais oportunidades de mercado ele oferece. Não deixe de responder a nenhuma dessas perguntas. A displicência ou a omissão nesse momento pode levar ao fracasso.

Seguindo essas etapas e fazendo as simulações de custos, fornecedores e dos diferentes cenários possíveis, você consegue diminuir o risco de operação da sua empresa, evitar erros desnecessários, ter um mapa de ação para quando surgirem contratempos e uma estratégia traçada para fazer o negócio prosperar.

Com tudo isso, aumentam as chances de que seu empreendimento saia do plano das ideias e vá para a prática com robustez e alta probabilidade de sucesso.

O *business model canvas*

O plano de negócios é um compêndio de textos e planilhas que exige uma capacidade de análise e detalhamento bastante rigorosa, mas que, dizem alguns especialistas, é um excesso de informações estimadas, especialmente em um negócio novo (quanto mais disruptivo, mais é esse o caso).

Ou seja, o empreendedor acaba por detalhar coisas que são apenas estimativas e pode, muitas vezes, perder a noção do todo, de uma visão mais macro de seu negócio.

Em razão disso, nasceu outra maneira de representar novos negócios, o chamado *business model canvas* — um template bem mais simples, visual e intuitivo que ajuda o empreendedor a "desenhar" o seu próprio negócio, definindo recursos, parceiros-chave, fontes de receita e assim por diante.

Rafael Duton, cofundador da Aceleradora 21212 e da Movile, fala sobre a utilidade desse método.

> O *canvas* tem sido muito utilizado em negócios inovadores de tecnologia, em que pouco se sabe sobre o produto/ serviço que está sendo criado, pois ajuda em uma reflexão mais macro de todos os aspectos do empreendimento. Ele facilita o entendimento do que precisa ser validado e ajuda a organizar as ideias quando elas precisam ser modificadas — algo natural no início de um negócio. Essa flexibilidade torna o *canvas* poderoso.

Se você só tem um projeto descrito e nada testado, o *canvas* vai ser muito útil, principalmente quando o mercado indicar que suas premissas estão equivocadas. Agora, se você já tem algo testado, o plano de negócios pode ser melhor para projetar o crescimento. O *canvas* pode esperar o momento em que as coisas não sairão como planejado — o que não vai demorar muito a acontecer!

Mas, afinal de contas, como funciona esse tal *business model canvas*?

O método é simples e didático. Funciona como um mapa para entender todo o funcionamento da empresa. Ele é composto por nove blocos, nos quais o empreendedor deve inserir os seguintes itens:

Parcerias-chave — Quem realiza as atividades-chave que sua empresa não faz, ou seja, quais serão as companhias que você contratará como parceiras.

Atividades-chave — O que sua empresa faz, quais são as atividades básicas que a levarão a entregar sua proposta de valor.

Recursos-chave — As coisas de que você precisa para entregar aquilo a que se propõe.

Proposta de valor — O que a empresa oferecerá de realmente valioso ao mercado e aos clientes.

Relações com clientes — Como sua empresa fará para se relacionar com cada tipo de cliente dos segmentos que você escolheu.

Canais — Qual a ponte a ser feita para seus clientes chegarem a seus produtos e serviços.

Segmentos de mercado — Quem são seus clientes, o que procuram, onde estão.

Estrutura de custos — Quais são e de onde vêm os custos de sua empresa para que ela faça tudo isso que você definiu.

Fontes de renda — Como você monetizará sua proposta de valor.

Como dissemos, o *canvas* é uma espécie de mapa. Os blocos não estão dispostos dessa maneira por acaso — cada um deles está co-

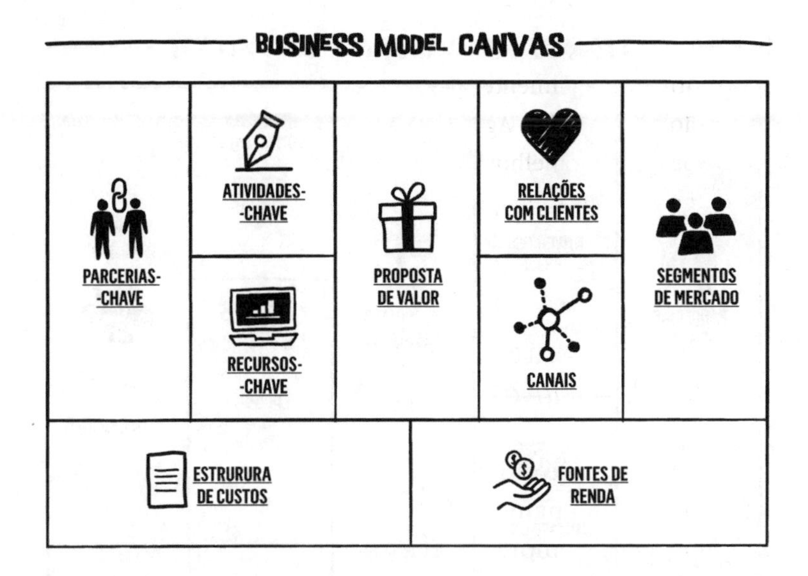

nectado à área com a qual dialoga de maneira direta, e na base de tudo está seu caixa: quanto tudo custará e quanto você ganhará.

Há vários sites, aplicativos e softwares que explicam passo a passo como criar o seu *business model canvas*. É bem simples.

Veja, na figura na p. 102, o *canvas* do Twitter. Na área de parcerias, eles colocam desde os vendedores de dispositivos até empresas de mídia, operadoras e sites de serviços de busca.

Da atividade principal consta apenas o desenvolvimento da plataforma, que também é eleita como principal recurso. A chave para entender tudo está nas propostas de valores: manter as pessoas conectadas, informadas, trabalhar com marketing direcionado e oferecer aplicativos.

Como o Twitter tem relação direta com seus clientes, ele nem se importa em preencher esse campo. Mas é importante notar como é o canal de comunicação, que acontece desde a interface de programação (ou API — Application Programming Interface) do serviço até o site, os aplicativos *mobile* e para desktop.

E quem são os clientes do Twitter? Basicamente os usuários, as empresas interessadas nos usuários e os desenvolvedores que queiram trabalhar com a plataforma.

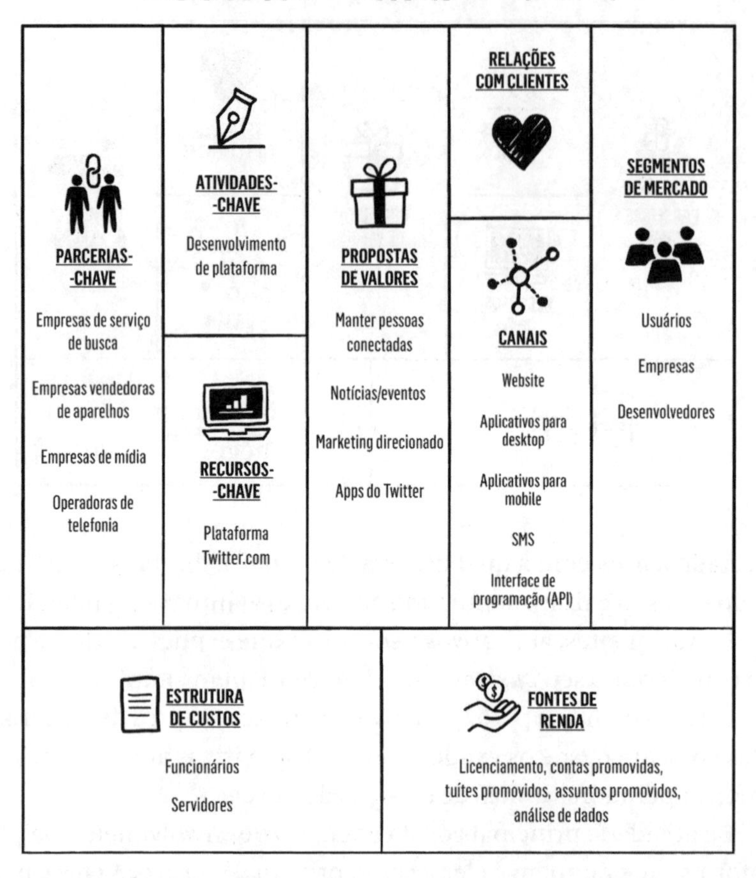

Na base de tudo, há os custos: apenas com funcionários e servidores. Do outro lado da base, de onde eles ganham dinheiro (veja como é variado): licenciamento de seus dados, contas promovidas, tuítes promovidos, assuntos promovidos ou ainda a ferramenta de análise deles.

#FICAADICA!

Para ver alguns modelos prontos de planos de negócio e de *business model canvas*, basta ir a sites de instituições como Sebrae e Endeavor. Neles é possível encontrar exemplos desses planos.

Avaliando de tempos em tempos

Tão importante quanto traçar estratégias, objetivos e cenários antes de empreender — por meio do plano de negócios ou do *business model canvas* — é reavaliar de tempos em tempos seu planejamento. Fazer um acompanhamento contínuo, tornando essa etapa um hábito, ajudará no êxito do seu negócio.

Depois de determinado período — por exemplo, um ano —, faça um balanço. Existem algumas perguntas para ajudar a desvendar como a previsão se confrontou com a realidade.

Avaliando seu planejamento

- Como o cenário e os números previstos para o negócio se comparam com a realidade enfrentada?
- O que mais se desviou do planejado?
- Quais foram os maiores acertos do plano?
- Quais foram os maiores erros nos cenários?
- Quais são os aprendizados para o plano do próximo ano?
- Quais as correções de rumos que mais ajudaram o negócio?

Convidamos Marcelo Nakagawa, diretor de empreendedorismo da Fiap, professor de empreendedorismo de instituições como Insper, FIA e Fundação Vanzolini, consultor acadêmico de empreendedorismo do Senac-SP e referência absoluta nesse assunto, a enumerar as coisas que mais alavancam e aquelas que mais travam o crescimento de uma empresa.

Coisas que alavancam

- Resolver um problema grande e imediato. Quanto maior o problema, maior a oportunidade de negócio. Há formas diferentes de enxergá-lo — a Cacau Show, por exemplo, se posiciona no "problema" de presentes e lembrancinhas, e não apenas na "necessidade de comer chocolate". Quanto mais imediata a procura pela solução, maior a oportunidade de negócio. Se for um problema que pode ser resolvido na semana que vem ou no mês que vem, a oportunidade de negócio tende a ser menor.
- Ter um time de empreendedores obstinado em resolver o "verdadeiro" problema do cliente. Mark Zuckerberg posicionou o Facebook para resolver o problema de "ego", e não exatamente da rede social. O botão "CURTIR" nada mais é do que uma massagem no ego de quem posta a informação.
- Ter um vendedor e um fazedor. É preciso contar, pelo menos, com dois grandes talentos na empresa: alguém que venda muito bem e outro que execute (o que foi vendido) muito bem. O problema é quando uma única pessoa faz as duas coisas: terá de trabalhar dobrado, afetando a qualidade e a eficiência.
- Ter uma lógica de planejamento. É preciso saber o que a empresa é e aonde quer chegar. O "como" pode ser feito de diversas formas, mas o empreendedor deve conhecer as ferramentas de planejamento e adaptá-las à sua realidade. Não ter ferramenta de planejamento é como viajar sem destino e sem mapa.
- Ser resiliente. Aceitar que derrotas, falhas e erros fazem parte do caminho para o sucesso. Aprender rápido e levantar rápido fará com que a empresa fique em pé e caminhando a maior parte do tempo.
- O empreendedor deve ser um antropólogo. Mais do que ter estratégia, inovação ou números, o empreendedor precisa ser um exímio conhecedor de gente. Saber lidar com as pessoas do seu time, parceiros e clientes, inspirando-os nas atitudes que espera, é fundamental para o sucesso.

Coisas que travam

- Não saber montar grandes times. Uma empresa é feita de pessoas, e cabe ao empreendedor saber criar equipes alinhadas com o crescimento do negócio. É o que Jim Collins chama de "ter as pessoas certas nos lugares certos" e o que Marcel Herrmann Telles diz sobre "contrate pessoas melhores do que você".
- Não estar motivado com o seu negócio. Se o empreendedor não faz o melhor para a empresa, por que os colaboradores deveriam fazer?
- Posicionamento sem cultura é hipocrisia. Falar de coisas bacanas sobre o que a empresa é sem vivenciar isso no dia a dia é coisa de político sacana.
- Ficar na zona de conforto. É um lugar-comum, mas a situação em que o empreendedor se dá por satisfeito é o início da queda da curva de crescimento.

CAPÍTULO 7

Formatos: *bootstrap*, *lean*, incubadora, aceleradora, sociedades, franquias

Você já tem sua ideia, sabe como abrir a empresa e sabe também que precisará de um plano de negócios ou de um *business model canvas* para entender melhor como tocar a execução e ter sucesso. Agora vale a pena discutir um pouco os tipos de recursos e parceiros que podem te auxiliar nessa caminhada. Selecionamos alguns dos tópicos mais importantes.

Bootstrap ou "raça"

Um termo que vem sendo muito adotado nos últimos tempos é *bootstrap*, que significa basicamente tocar a vida da empresa na raça, sem capital, sem participar de uma incubadora ou aceleradora e sem contar com muitos recursos. É um dos jeitos mais frequentes de começar um negócio, ainda que o termo em inglês não esteja muito difundido.

Se existem desvantagens claras, também existem vantagens. Quais? Em geral, recursos limitados aumentam a criatividade, e tocar do jeito *bootstrap* pode ser uma maneira barata de testar um modelo. Obviamente, esse formato exige o máximo de energia e dedicação dos empreendedores.

Lean startup — ou "startup enxuta"

Há alguns anos, Eric Ries (autor do livro *A startup enxuta: Como os empreendedores atuais utilizam a inovação contínua para criar empresas extremamente bem-sucedidas*) trouxe para o universo das novas empresas o conceito de startup enxuta. De acordo com esse conceito, é sempre melhor manter-se economicamente contido, mesmo que você tenha investidores. Dessa forma, os resultados serão melhores, e os investimentos, menores.

Já existe no Brasil uma geração de novas empresas que não consegue pensar sua vida de forma enxuta, sem milhares de reais para investimentos, funcionários e marketing. Temos visto muitos candidatos a empreendedores que só empreenderão se conseguirem investimento de milhares ou milhões de reais para seus negócios. Para a maioria, isso nunca vai acontecer.

O Brasil chegou até aqui com o empreendedorismo bastante forte, uma economia moderna e dinâmica e sempre com poucos investidores. Por isso, é preciso pensar que existe muito mais *bootstrap* e pensamento *lean* (enxuto) do que se imagina.

Talvez os empreendedores nem sequer conheçam esses nomes, mas agem na "raça" e acreditam no jeito *lean* de ser, mesmo porque, para eles, esse é o único jeito possível!

Guilherme Coelho, cofundador da startup Peela, dá as dicas que aprendeu com o modelo enxuto:

1. Fuja de esquemas, gráficos e representações. Parta para o real. Faça um layout, um protótipo ou piloto para provar sua ideia.
2. Lance logo o produto, mesmo que incompleto. Incompleto não é imperfeito. O feedback que terá dos primeiros usuários será muito valioso para decidir os próximos passos do investimento de tempo e recursos.
3. Não tenha medo de errar.
4. Não tente provar mais de uma ideia ao mesmo tempo; tenha foco em um passo de cada vez e faça o produto crescer organicamente.

Incubadora: pedalando com rodinhas

Ter sucesso com a sua própria empresa é uma prova de coragem, perseverança, conhecimento e uma pitada de sorte. É uma prova na qual muitos não passam. Um negócio que está começando enfrenta diversos desafios — criar um plano de negócios ou um *canvas*, cumprir metas e gerenciar uma equipe tende a ser um trabalho difícil para quem não tem experiência. Mas as chances de sucesso podem aumentar com o apoio de uma incubadora, isto é, uma espécie de "fábrica de empresas".

Como elas funcionam? E como você pode ter seu projeto vinculado a uma incubadora?

As incubadoras são como ambientes protegidos (por isso o nome, em referência às incubadoras onde ficam os bebês prematuros) — na maioria das vezes vinculados a universidades e centros de desenvolvimento — que ajudam novas empresas a dar seus primeiros passos sem levar muitos tombos. Ou seja, as incubadoras são centros que ajudam jovens empreendedores a caminhar no seu negócio gastando menos, errando menos e correndo riscos menores.

A maior parte das incubadoras ajuda profissionais técnicos a se aventurar no universo dos negócios e da gestão, permitindo que continuem focados em seu *core* (o desenvolvimento técnico do produto ou do serviço da empresa).

A incubadora pode ser um belo empurrão inicial para seu empreendimento, mas nem todo mundo precisa dela.

Sua empresa não precisa de uma incubadora se...

- já tem claro o posicionamento estratégico do negócio.
- já recebeu capital e precisa crescer.
- você é um empresário experiente e maduro (não são os principais candidatos).
- tudo o que você precisa é de capital.
- você não estiver preparado para ouvir críticas.

Aceleradora: dando velocidade para seu negócio

Se por um lado as incubadoras são, normalmente, organizações sem fins lucrativos, movimentadas por verba pública, as aceleradoras são, em grande parte, entidades privadas que visam lucro, criadas por ex-empreendedores ou ex-executivos bem-sucedidos.

Como o próprio nome diz, as aceleradoras têm o papel de acelerar negócios, ou seja, deixá-los mais prontos, acabados, formatados e preparados para receber um aporte de capital e crescer. Nos últimos anos, muitas delas têm surgido no Brasil, tais como Wayra, Aceleratech, 21212, Start You Up, Ventiur, WOW, Estarte.Me e Pipa.

No geral, um programa de aceleração dura seis meses. No processo, há várias características em comum com um programa de incubação, como o acesso a um ambiente de empresas que estejam em um estágio parecido com a sua, atenção de mentores interessados em ajudar seu negócio a decolar, contatos e apoio geral da aceleradora para organizar a empresa e assim por diante. É claro que nada disso sai de graça, e quase sempre as aceleradoras se tornam sócias do negócio.

Uma vantagem interessante das aceleradoras é a validação que elas dão para a startup. Afinal, se a empresa passou por uma seleção tão rigorosa, algo de valioso ela tem.

Samir Iásbeck, cofundador da Qranio, uma das primeiras startups a ser acelerada pela Wayra, do Grupo Telefônica, divide sua experiência.

> Principal aprendizado, que digo Qom veemência: vi muitos empreendedores depositando a responsabilidade do sucesso de seu negócio na aceleradora ou na própria Telefônica. Eu sempre dizia e ainda digo que aceleradora não é Qreche e, se você não está disposto a se entregar e viver seu negócio 24 horas por dia, ele não vai virar. Quanto mais inovador, mais dedicação e evangelização de seus fundadores serão necessários. Você deve usar o máximo da aceleradora que escolher — deve ser chato e pedir, mas principalmente Qorrer atrás por você mesmo.

Se você estranhou algumas palavras grafadas com "q" no lugar do "c", saiba que mantivemos o texto dessa forma a pedido do Samir, que, desde a fundação da Qranio, passou a grafar assim todos os seus textos, posts, e-mails etc. Coisa de empreendedor apaixonado pelo que faz!

Se você concluiu que seu empreendimento pode se beneficiar de uma aceleradora, preste atenção nos seguintes pontos na hora de procurar essa parceria.

Pontos importantes para levar em conta na hora de procurar uma aceleradora

- Conheça a fundo as aceleradoras disponíveis — e saiba as regras do jogo de cada uma.
- Faça uma apresentação clara, organizada e simples.
- Pergunte a si mesmo: "Sua empresa precisa realmente de uma aceleradora?".
- Saiba com clareza o que você espera dela.
- Certifique-se de que a aceleradora escolhida tenha condições de fornecer o que você necessita.
- Prepare-se para competir pela vaga, pois são muitas as empresas querendo participar desse processo.

Não adianta só querer ser "adotado" por uma aceleradora. Assim como em um vestibular, o número de candidatos interessados ultrapassa — e muito — o de vagas disponíveis para esse acompanhamento empresarial. Portanto, veja se você e seu negócio têm as características necessárias para entrar na briga.

Luiz Vitor Martinez, CEO e cofundador da startup GeekSys, faz uma interessante analogia entre startups, aceleradoras e feijoadas:

Startups são feijoadas e aceleradoras são a cozinha

Se desenvolver uma startup fosse como preparar uma feijoada, você não deveria esperar receber o prato de feijoada pronto. Não espere alguém dizer quais ingredientes devem ser comprados ou ainda onde adquiri-los. Não espere que contem como fazer para misturá-los.

Sonhe com uma feijoada que possa acabar com a fome no Brasil, mas encha a sua barriga primeiro. Não espere que outros cozinheiros tenham o mesmo comprometimento que você tem — a feijoada é sua, não deles. Cerque-se de cozinheiros que fazem pratos diferentes dos seus. Os que parecem "intragáveis" desde o começo podem ser os melhores, acredite. Aprenda a convencer os outros de que a sua receita é especial. Sente-se à mesa com quem paga pela feijoada. Ouça mais, fale menos. Esse prato só é vendido às quartas-feiras e aos sábados; pense no que fazer nos outros dias. Não corra atrás do sucesso. Ele é um processo, não tem fim, não dá para chegar "lá". Encare a aceleradora como a cozinha que você não tinha, enxergue a aceleração como um almoço: faça o pedido, supra as necessidades do corpo, delicie-se, tire a bunda da cadeira, transforme a energia adquirida em trabalho, faça amanhã a feijoada que você não tinha condições de fazer antes.

Aceleradoras são um negócio como outro qualquer — não filantrópico — e que se baseia na diluição dos riscos, na produção em série, no fazer pelos outros e na geração de lucro a partir da venda de cotas nos negócios acelerados. São tipicamente fundadas por indivíduos mais experientes ou por organizações que têm encontrado dificuldade para associar suas marcas à inovação ou de fato inovar. Em geral, com maior ou menor qualidade e intensidade, oferecem benefícios de infraestrutura, mentoria, acesso facilitado ao mercado, investimento financeiro e serviços de terceiros. Aceleradoras têm o papel fundamental de fazer empreendedores enxergarem o que sua imaturidade ainda não os permite enxergar, antes que seja tarde demais.

Agora que você sabe o que é uma aceleradora, bem como os pontos importantes na hora de procurar uma, vamos explicar melhor como funciona o processo de aceleração propriamente dito.

Na imagem a seguir, vemos um fluxo normal de seleção e aceleração de empresas nas chamadas aceleradoras de negócios.

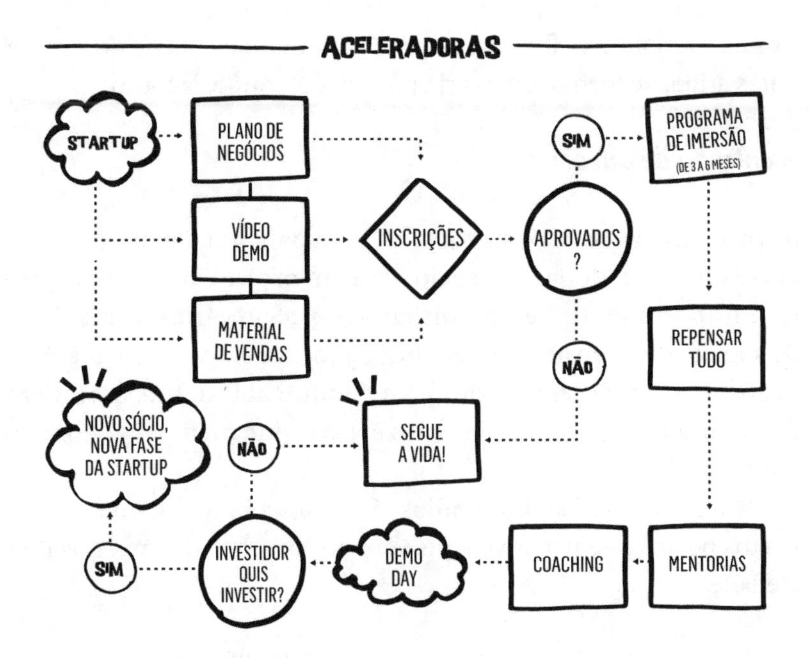

Tudo começa com um processo seletivo ao qual a startup submete seu plano de negócios, muitas vezes com um vídeo demonstrativo e um material de apoio. Se ela for selecionada, passará por um período de imersão que dura normalmente de três a seis meses, nos quais basicamente tudo será revisto e repensado. A startup receberá mentorias, coaching, participará de workshops e treinamentos até estar pronta para o dia em que irá se apresentar para investidores potenciais ("Demo Day"). Nessa fase, a startup poderá receber um investimento e entrar em uma nova etapa de expansão e crescimento. Caso isso não aconteça, ela seguirá caminhos normais, buscando outras formas de crescer e de se estabelecer.

Sociedades

Uma das melhores formas de fazer o negócio crescer é dividir custos e responsabilidades com sócios. Naturalmente, essa é uma decisão difícil e delicada, então é importante entender os cuidados necessários na hora de escolher um sócio e as ponderações que devem ser feitas antes de fechar a parceria para evitar conflitos futuros.

A entrada de um sócio

Se você está pensando em começar uma parceria em um novo negócio ou em englobar um sócio para um projeto já em andamento, é importante tomar alguns cuidados. São várias as histórias de sociedades que acabam em briga judicial e destroem, além do negócio, a amizade. Mas também é muito abundante o número de exemplos de parcerias que dão certo e ajudam a impulsionar o empreendimento.

Para começar, é sempre valioso fazer uma breve análise dos aspectos positivos e negativos que vêm no "combo" de uma nova sociedade.

Ter um sócio pode ser BOM porque...	Ter um sócio pode ser RUIM porque...
• você divide os riscos.	• as decisões podem ficar lentas.
• tem com quem compartilhar ideias.	• é preciso chegar sempre a um acordo.
• diminui a solidão da gestão.	• pode haver visões inconciliáveis.
• agrega um perfil complementar.	• podem surgir problemas de convivência pessoal.

Se, analisando prós e contras, você concluiu que trazer um parceiro pode ajudar a alavancar seu negócio, é hora de escolher esse novo sócio. Mas como identificar um bom parceiro? O quadro a seguir dá algumas dicas.

O que observar na hora de escolher um sócio

- Certifique-se de que seu sócio compartilha os mesmos valores que você.
- Certifique-se de que seu sócio compartilha os mesmos valores que você.
- Certifique-se de que seu sócio compartilha os mesmos valores que você!
- Certifique-se de que seu sócio compartilha os mesmos valores que você!!!

(Isso mesmo, tenha certeza desse item, pois valores diferentes farão vocês brigarem muito, afetando a sociedade!)

- Certifique-se de que você entende por que ele quer ser seu sócio.
- Certifique-se de que ele entende por que você o quer como sócio.
- Procure sócios que sejam complementares a você — isto é, que tenham características diferentes das suas.

Agora que você já sabe quais são os principais pontos a considerar na hora de escolher um sócio, pode estar se perguntando: "Onde encontrar um possível sócio para o meu negócio?".

O gráfico a seguir mostra o resultado de uma pesquisa que investigou como os empreendedores conheceram seus cofundadores, particularmente no segmento de startups.

É interessante notar que amigos — de trabalho, escola ou infância — representam quase 70% dos casos. Ou seja, com exceção de encontros em eventos (12%), os sócios são, em grande parte, oriundos do relacionamento profissional ou pessoal do empreendedor.

Tallis Gomes é um jovem talento no mundo do empreendedorismo. Fundador do Easy Taxi, aplicativo que nasceu no Rio de Janeiro em um dia chuvoso de 2011, conseguiu captar 77 milhões de dólares em cinco rodadas de investimento de sete fundos diferentes. Os investidores viraram sócios do negócio. E foi essa experiência que ele compartilhou com a gente:

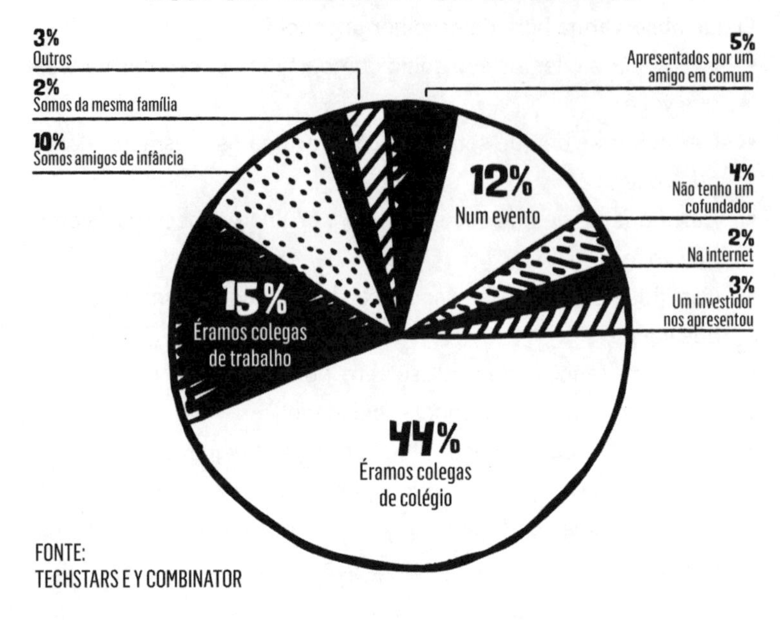

Montar uma sociedade é como montar um time de futebol. Os sócios precisam ser complementares em conhecimento e, não menos importante, precisam ter sinergia, isto é, se dar bem.

Uma sociedade é um casamento, possui altos e baixos. Uma coisa é certa: ninguém se casa pensando em se separar, mas divórcios acontecem. Minha experiência traumática com sociedade aconteceu no final de 2011, quando precisei convidar um sócio a se retirar da parceria. Esse sócio quase provocou a falência da empresa, que teve de limpar seu caixa para pagar a saída, mesmo estando em seu estágio inicial de existência.

Para proteger sua empresa de sócios ou colaboradores que querem deixar a sociedade sem ter cumprido com suas obrigações, é extremamente importante que você pesquise sobre mecanismos como *vesting* e *cliff*.

O *vesting* faz com que os colaboradores entrem na sociedade pouco a pouco, na medida em que certos parâmetros preestabelecidos sejam atingidos. Já o *cliff* é uma forma de fazer com que o colaborador fique "sob prova" por determinado período, antes de ter o direito de adquirir cotas ou ações. Esse tipo de instrumento permite que você oriente a entrega de participação com metas predefinidas que não causarão desconforto na sociedade durante os processos de construção do business, fazendo com que todos os sócios sejam colocados à prova antes que de fato se tornem donos.

Por fim, o ativo mais valioso de qualquer negócio são as pessoas que se dedicam a executar seus processos, e os sócios serão os responsáveis pelos processos *core* do negócio. São, portanto, os principais responsáveis pelo sucesso da empreitada. Jamais escolha um sócio apenas por afinidade. Seu sócio, em tese, é a melhor pessoa (em seu segmento) que você conseguiu convencer a executar o business a seu lado. Escolha-o(s) com sabedoria.

Família S/A — a família como sócia

Um trabalhador esforçado, pai de família, constrói uma pequena lojinha. Com muito suor, os negócios crescem. O tempo passa. E, anos depois, o que era apenas uma aventura empreendedora (muitas vezes iniciada por mera necessidade) se transforma no ganha-pão de toda a família. É o que paga as contas no fim do mês.

Você já deve ter ouvido várias histórias como essa. Talvez conheça casos no seu bairro, na sua rua, no seu círculo de amigos.

Segundo pesquisas do Sebrae, nove em cada dez empresas no Brasil são familiares — desde companhias de pequeno porte, como uma padaria ou uma vendinha, até gigantes líderes de mercado, eventualmente com atuação multinacional. Dudalina, Magazine Luiza, Hering, Gerdau, Votorantim e Itaú são apenas alguns exemplos.

Existe uma impressão, reverberada com frequência, que sugere uma oposição entre as empresas familiares e as empresas "profissionais". É natural que um processo de gestão especializada possa ser introduzido de fora ou que em determinado momento um executivo do mercado seja contratado para tocar o negócio. Mas ter uma empresa familiar também traz vantagens interessantes.

Sua empresa possivelmente vai nascer como familiar ou passar por essa etapa em algum momento do percurso. É comum, ainda mais no começo, ter um quadro de funcionários composto pelo pai cuidando da produção, a mãe no administrativo, o irmão olhando as contas, o primo fazendo as entregas — ou qualquer configuração do tipo.

As vantagens das empresas familiares

Quais são os aspectos positivos de uma empresa familiar? Conheça algumas das principais vantagens (tanto para o negócio quanto para o bom convívio nos almoços de domingo).

Prós

- União em torno de um ideal familiar comum.
- Na adversidade, laços de sangue podem ajudar.
- Grande comprometimento dos envolvidos (história da família em jogo).
- Custos menores.

Contras

- Risco de que decisões levem em conta o laço familiar, não a competência.
- Brigas familiares podem atrapalhar a rotina da empresa (e a empresa, a rotina da família!).
- Gerações mais jovens podem não ter vocação para o negócio, mas provavelmente serão colocadas no manche da companhia.

Não existe certo ou errado ou bom ou ruim na empresa familiar. Como vimos, 90% das empresas brasileiras são familiares. O que é importante entender, além dos prós e contras, é que a empresa NÃO é a família e vice-versa. Com isso em mente e compreendendo a dinâmica de uma empresa familiar e da sua família, você poderá gerir com mais eficiência, menos emoções e de forma menos pessoal.

Investir numa franquia ou criar do zero?

Empreender envolve riscos. Estudos do Instituto Brasileiro de Planejamento e Tributação mostram que o índice de desaparecimento das empresas no primeiro ano de vida é de 15,4%. E entre um e cinco anos, 41,9% dos negócios viram pó. Os dados à primeira vista não são nada agradáveis, mas o quadro vem melhorando bastante nos últimos tempos. Na década de 1970, por exemplo, 29% das empresas fechavam as portas com até doze meses de vida, e 59,9% entre um e cinco anos.

Além disso, a comparação internacional feita em um estudo do Sebrae sobre a taxa de sobrevivência dos negócios no Brasil é animadora. Depois de dois anos, 75,6% das empresas continuavam abertas. Em outras palavras, de cada cem companhias, apenas 24 fecharam. O índice é até melhor que o de países como Canadá, Áustria, Itália e Portugal — embora o período do estudo, vale citar, tenha englobado a crise financeira na Europa e nos Estados Unidos.

Para não cair nas estatísticas da mortalidade prematura das empresas, muitos veem as franquias como uma alternativa para virar empreendedor sem assumir um risco alto demais.

Franquia é um modelo em que o dono de um negócio concede ao franqueado o direito de explorar a marca, a infraestrutura, o treinamento, os fornecedores e, principalmente, o know-how do negócio — em troca, claro, de uma taxa de royalties ou percentual no faturamento.

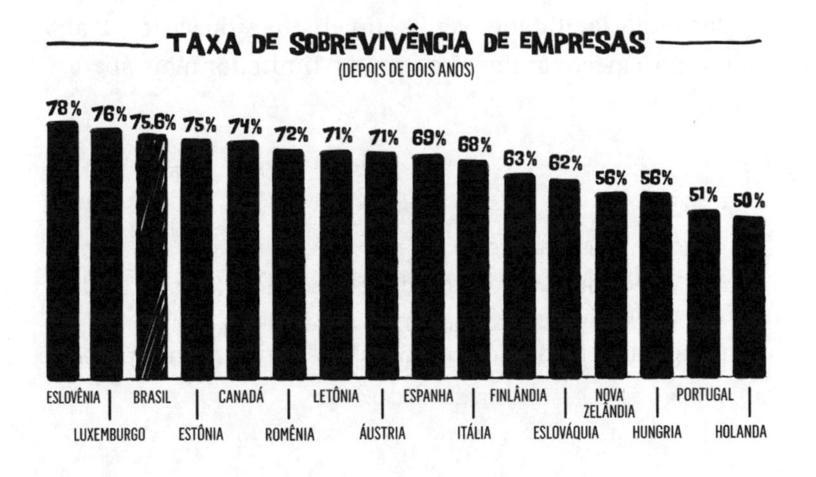

Segundo dados da Rizzo Franchise, no Brasil, a cada hora (considerando um turno de oito horas por dia), seis novas lojas de franquias são inauguradas, 98 novos empregos diretos são criados, 121 milhões de reais são gerados em receita. Os números explosivos demonstram que as franquias podem ser grandes oportunidades.

O conceito é interessante e tem feito a alegria de muitos franqueadores e franqueados. O suporte recebido — que vai da escolha do ponto à embalagem para embrulhar o produto — é um belo empurrão para o empreendedor iniciante. Mas o custo e a liberdade menor de decisão sobre os rumos do próprio negócio também são aspectos importantes a considerar. Vamos entender um pouco melhor as vantagens e desvantagens desse modelo de negócios.

Os dois lados da balança

Prós

- Risco menor.
- Não é preciso inventar um empreendimento novo.
- O negócio já está testado.
- Empreitada menos solitária e com ajuda e expertise de alguém que deu certo.

Todas essas facilidades vêm a um custo — ou vários. E alguns vão além do aspecto financeiro (que é o limitador mais óbvio, mas não o único).

Contras

- Retorno potencial menor.
- Negócio menos propício à criatividade. Você tem menos liberdade e ainda deve prestar contas ao franqueador.
- Limites colocados no início (território, crescimento, mudanças).
- O negócio já nasce com um sócio.

Você no ringue

Como fica a franquia na disputa com a alternativa de abrir um negócio próprio tradicional, sem suporte do franqueador? Quais são as características dos competidores em cada canto desse ringue?

Prefira a franquia se...

- você não está seguro da sua ideia ou não tem vontade de criar um negócio do zero.
- se sente confortável com limites.
- quer minimizar os riscos de quebrar.
- quer um suporte adicional de gestão para seu primeiro negócio.

Prefira um negócio próprio se...

- você tem uma ideia nova e original.
- tem vontade de ser dono da ideia.
- não se sente confortável em dividir a gestão.
- tem apetite, estômago e capital para assumir um risco maior.

Como o tema de franquias é sempre um dos prediletos e mais intrigantes para todos que pensam em empreender, preparamos também um rápido tira-teima com dúvidas (e respostas) frequentes sobre este tipo de negócio.

Para quem pensa em abrir uma franquia

Quais são os cuidados necessários na hora de fechar um contrato de franquia?

Conheça profundamente o franqueador e, se possível, converse com um franqueado.

Como escolher a melhor franquia?
Além de ser uma empresa sólida, tenha certeza de que os valores dos donos são compatíveis com os seus e, claro, escolha uma atividade com a qual você tenha afinidade.

Quais regras o franqueado é obrigado a seguir?
O franqueado é obrigado a seguir os padrões da rede, do visual até produtos e preços.

É preciso compartilhar informações financeiras com o franqueador?
Sim, é necessária uma alta dose de transparência.

Onde posso procurar informações sobre franquias?
A internet é farta de artigos, sites e explicações. A ABF (Associação Brasileira de Franchising) também tem muito material para que você possa se informar melhor.

Para quem está pensando em empreender por meio de uma franquia, aqui vão dez conselhos que podem fazer a diferença nessa hora. Eles foram escritos por Marcelo Cherto, presidente do Grupo Cherto e autor do livro *Dicas práticas para quem pensa em investir numa franquia*.

Dez dicas para empreender em franquias

1. Autoconhecimento
Faça uma autoavaliação honesta e consciente: quais são seus sonhos? Quais são suas principais forças e fraquezas? O que impede ou dificulta suas realizações? O que você mais gosta de fazer? Você compreende as reais implicações de ser um empresário? E de ser um empresário franqueado? Você está realmente pronto para enfrentar os desafios que estarão por vir? Está pronto para atuar de acordo com as normas e padrões estipulados pelo franqueador?

2. Conheça o mercado

Quais tipos de negócios poderão ter sucesso na região em que você pretende atuar? Qual o poder aquisitivo das pessoas que moram ou trabalham nessa região? Você analisou essa questão a fundo? Clientes sem interesse ou sem poder aquisitivo compatível com o que você terá para oferecer não sustentarão o seu negócio.

3. Defina as possibilidades

Quanto você tem disponível para investir? Em quanto tempo espera recuperar esse dinheiro? Qual o grau de risco que você aceita em um investimento? Tenha consciência de que o negócio pode começar a gerar lucro somente alguns meses depois de iniciado. Portanto, é importante que você possua mais recursos do que o necessário para a implantação da franquia, pois precisará se manter até lá.

4. Estude as oportunidades

Procure conhecer as oportunidades disponíveis no mercado. Pesquise em sites, consulte guias, visite feiras e eventos para colher informações antes de tomar a sua decisão.

5. Conheça a equipe do franqueador

Conheça o histórico e a credibilidade dos integrantes da equipe do franqueador da marca que você deseja operar.

6. Converse com quem já é franqueado

Procure visitar e conversar pessoalmente com o maior número possível de integrantes das redes de franquias nas quais estiver interessado. Converse também com franqueadores que já se desligaram da rede.

7. Analise o contrato

Leia o contrato com atenção. Se for o caso, contrate um advogado de sua confiança e que entenda de negócios para poder auxiliá-lo.

8. Estude a circular de oferta de franquia

A circular de oferta de franquia (COF) é um documento descrito na lei nº 8955. O franqueador deve entregá-lo a todos os candidatos no mínimo dez dias antes que eles firmem qualquer documento ou pagamento relacionado à aquisição de uma franquia. Esse documento deve conter informações a respeito da organização da franqueadora, da situação legal da marca ou das marcas, da própria franquia, da situação financeira da empresa, dos investimentos que o franqueado deverá fazer, dos pagamentos que deverá efetuar e assim por diante.

9. Não tome decisões impulsivas
Pense, analise, investigue muito antes de investir seu dinheiro, seu tempo, seu esforço e seus sonhos em uma franquia. Sua decisão vai impactar não apenas a sua vida, mas também a da sua família.

10. Esteja consciente do papel de cada parte
Como franqueado, seu papel será o de seguir os passos e padrões definidos pelo franqueador; portanto, não tente fazer as coisas à sua própria maneira. Se você achar que não vai conseguir viver assim, sob esses padrões, talvez seja melhor repensar sua decisão de investir em uma franquia.

A oportunidade das franquias é, portanto, uma porta de entrada interessante. Se o fator risco é algo que preocupa, a franquia é uma forma de reduzi-lo, contando com o know-how e a experiência de um empresário que já testou, tentou, errou, acertou e achou um modelo de negócio com maior chance de sucesso.

Em troca, ele cobra uma fatia do seu faturamento — o que diminui o retorno para o empreendedor. Avalie se o seu perfil é mais adequado para adquirir uma franquia ou se aventurar em um negócio próprio. E vá em frente!

CAPÍTULO 8

Capital: como financiar o seu negócio

Uma das barreiras na estrada do empreendedorismo é o dinheiro — ou a falta dele. Você já deve ter tido boas ideias, mas é possível que sempre caia numa dúvida cruel: onde conseguir a grana para colocá-las em prática? Ou seja, ideias não faltam; dinheiro, muitas vezes sim. E isso tem tudo a ver com este capítulo. Aqui descrevemos maneiras de financiar um negócio iniciante, das mais tradicionais às mais heterodoxas — aquelas que só devem ser usadas em último caso.

1. Capital próprio

Como o próprio nome diz, capital próprio é o dinheiro do empreendedor, ou seja, um capital que ele tem e irá destinar ao seu novo negócio. Estamos nos referindo aqui não ao capital da venda de bens como imóveis, mas sim ao dinheiro que o empreendedor tem em aplicações.

Essa modalidade é uma das mais simples e comuns, especialmente no Brasil, onde o capital disponível para empreendedores iniciantes é pequeno. Muitos só conseguem criar seu negócio usando as próprias economias.

Se, por um lado, essa modalidade de financiamento é bacana e muito usada, ela também pede algumas reflexões por parte do empreendedor.

Alertas

- Você vai colocar, além de tempo e energia no negócio, o seu capital acumulado. Pense bem nisso.
- Você não pode ficar desatento se esse capital também servir para seu próprio sustento. Como ficará sua vida depois que esse recurso for destinado à construção de um negócio?
- Você precisa dimensionar muito bem a necessidade de capital do negócio.
- Como empreendedores são normalmente otimistas, é importante uma dose de pessimismo. Afinal, você vai arriscar no seu negócio boa parte do que juntou, muitas vezes com sacrifício.

Michael Nicklas, investidor (inclusive do site Startupi), defende o uso do capital próprio. A seguir ele explica os motivos para acreditar que o empreendedor deve, antes de tudo, olhar para o próprio bolso.

> Mesmo sendo investidor, sempre digo aos empreendedores: pegar dinheiro dos outros deve ser sempre a última opção. Alavancar seu negócio com recursos próprios, ainda que limitados, impõe disciplina, gera foco e obriga a aplicação da criatividade.

O investidor tem que ser o plano B. É claro que em algum momento será necessário buscar investimento, mas o investidor vai querer ver o que foi alcançado com os recursos iniciais do empreendedor.

O momento certo para buscar um investimento é quando o negócio estiver pronto para escalar. O investidor não quer pagar para o empreendedor tentar descobrir o que é a própria empresa. Já vi muitas companhias receberem aportes antes de acertar o *product/ market fit*, e geralmente a coisa não termina bem.

Hoje em dia dá para criar negócios mesmo tendo recursos limitados. Essas limitações vão lhe obrigar a criar um negócio, e não meramente um plano de negócios que dependa do capital de outros. Aceite isso como um desafio e torne essa limitação uma oportunidade.

2. Patrimônio próprio

Usar patrimônio próprio significa, na prática, se desfazer de bens para montar o seu negócio. É diferente de ter um "capital próprio", pois aqui o empreendedor irá se desfazer de bens que acumulou. Trata-se de um cenário um pouco mais complexo.

Apostar dinheiro no negócio é bem diferente de apostar o próprio apartamento. Não só porque o empreendedor e sua família precisam morar em algum lugar, mas principalmente porque esse tipo de decisão costuma afetar muito mais fortemente o empreendedor. Afinal, ele está dando passos para trás no seu estilo de vida para empreender. Esse preço costuma ser alto e é muito comum que envolva mais gente, como a família do empreendedor.

Alertas

- Você precisa entender qual será a perda de valor do seu bem para converter em capital. Dependendo do momento econômico, seu bem pode valer menos e você terá perdas já na hora da venda.
- Dependendo do bem, a venda leva tempo.
- Você precisa estar muito consciente do seu ato. Vender um apartamento onde você mora também significa viver de aluguel e trocar o sonho da casa própria pelo sonho do negócio próprio.
- Tenha em mente que negócios dão errado e que um dia você poderá se arrepender.

3. Empréstimos (bancos, conhecidos, família e amigos)

Essa modalidade é uma das mais arriscadas. Tomar um empréstimo, criando uma dívida, implica comprometer-se com pagamentos futuros para algo repleto de incertezas: seu negócio.

Negócios podem dar errado, e, se isso acontecer, você ficará não só com as frustrações de um fracasso, mas também com uma dívida!

É errado recorrer a empréstimos para montar um negócio? Não, mas deve ser uma opção bem cuidadosa e pensada, pois ela enseja riscos e preços muito altos. Sem contar os juros, que no Brasil são elevados.

Alertas

- Tenha certeza de ter tentado todas as outras opções de financiamento de seu negócio antes de contrair uma dívida.
- Dimensione muito bem o tamanho do empréstimo, dos juros e das parcelas no fluxo de caixa do seu negócio.
- Nunca aja com otimismo! Simule como ficará sua vida e como você pagará o empréstimo caso o negócio não vá bem.

NÃO INDICADO!

Empréstimos, em geral, são pouco indicados para negócios muito iniciais. Há uma dose de incerteza enorme, mas uma coisa é certa: o empréstimo será cobrado (mesmo que o seu negócio dê errado).

4. Financiamento (Finep, BNDES etc.)

Existem algumas oportunidades de financiamento de negócios que, no fundo, são empréstimos, mas que podem contar com prazos maiores, carências para início do pagamento ou mesmo juros subsidiados. O BNDES tem algumas opções, a Finep (Financiadora de Estudos e Projetos) também, e existem outros órgãos — geralmente de governo ou de entidades de economia mista — que ajudam a financiar negócios.

Se por um lado podemos ter juros menores ou prazos maiores, continuamos falando de dívida. E ela, como vimos no item anterior, requer um cuidado muito grande antes de ser assumida. Afinal, como se diz popularmente, a empresa passa, a dívida fica!

Alertas

- Esteja certo de ter tentado todas as outras opções de financiamento antes de contrair uma dívida.
- Esse tipo de financiamento é muito indicado para expansão, isto é, para crescer, pois os juros são menores e as carências maiores, mas é arriscado para financiar um negócio iniciante.
- Não se iluda com carências e juros menores, pois continua sendo um empréstimo — e terá de ser saldado.

5. Incentivos (prêmios, bolsas, fundos perdidos etc.)

Mesmo que não tenhamos os maiores incentivos ao empreendedorismo no país, existem muitos prêmios, fundos, bolsas e outros mecanismos de apoio ao empreendedor que podem financiar seu negócio e que não se convertem nem em dívida, nem em um sócio.

O trabalho do empreendedor é encontrar essas opções, muitas vezes formatadas em editais ou "escondidas" em sites de órgãos de apoio à atividade empreendedora. Também podem acontecer de maneira sazonal. O empreendedor precisa ficar atento e não perder prazos e datas.

Normalmente essas opções também implicam preencher fichas e formulários, bem como participar de processos que muitas vezes são burocráticos, chatos e lentos.

Há dois anos, por exemplo, o governo federal lançou o Start-Up Brasil em parceria com várias aceleradoras. E já apoiou diversas empresas. Vários estados também têm programas de apoio, e órgãos como a Finep e as fundações de amparo à pesquisa também destinam verbas a fundo perdido para startups.

A iniciativa privada também costuma lançar projetos e programas de incentivo a empresas iniciantes. O ProXXIma Startup foi uma dessas iniciativas e já teve quatro edições. Selecionou vinte startups e premiou quatro delas com 15 mil reais cada.

Roberta Vasconcellos, CEO e cofundadora da Tysdo, startup focada em experiências, já ganhou vários concursos. Ela compartilha conosco sua experiência.

> Além de as premiações terem sido uma inserção de estima no negócio, através do reconhecimento do nosso trabalho, elas acabaram ajudando a construir nossa reputação, aumentando nossa credibilidade. A visibilidade na mídia advinda dos prêmios Demo Brasil, Mobile Futures Brasil e Prêmio Claudia também contribuíram para alavancar a Tysdo e as parcerias comerciais — além de criar, sobretudo, conexões e trocas de experiências que nos proporcionaram grandes ensinamentos como empreendedores e pessoas.
>
> O Mobile Futures Brasil, em especial, foi uma grande oportunidade de aprendizado, aceleração e crescimento. Lá foi possível contar com a visão de uma grande marca para a evolução do produto e a comprovação do modelo de negócio, nos auxiliando a refinar a proposta de valor entregue aos futuros clientes.
>
> Mas é importante ressaltar que nenhum prêmio é a solução, nem a resposta dos questionamentos e desafios de uma startup. É preciso manter o foco na execução e no resultado.

6. Faturamento da empresa (garagem)

Crescer com o próprio faturamento e tocar a empresa da maneira que nos Estados Unidos é chamada de *bootstraping* — ou seja, vivendo das receitas geradas pelo próprio negócio — livra o empreendedor de empréstimos, sócios e investidores para viabilizar o negócio, o que pode ser ótimo.

Outro lado interessante é que o empreendedor será obrigado a buscar faturamento desde o início, o que pode evitar o risco de montar algo pelo qual ninguém queira pagar depois.

Naturalmente, tudo na vida tem dois lados. O problema do *bootstraping* é que o empreendedor fica obrigado a gerar faturamento muito cedo, e isso pode impedi-lo de desenvolver um produto melhor, fazer pesquisa e investir em desenvolvimento.

O *bootstraping* é um caminho bastante usado no Brasil, uma vez que temos uma dose muito baixa de investimento em startups. Infelizmente, não é uma opção que permite a criação de negócios mais inovadores ou aqueles que exigem investimentos antes de gerar faturamento.

Muito antes de se tornar uma enorme potência no mercado de chocolates, a Cacau Show começou com o empenho de um empreendedor, Alexandre Costa. Com pouco dinheiro e portas fechadas para empréstimos bancários, ele explica como foi contar com amigos e com o faturamento da empresa para crescer.

> A história da Cacau Show e minha experiência como empreendedor no tocante à tomada de recursos de terceiros se deram muito mais como falta de opção do que como uma opção propriamente dita.

Eu tinha apenas dezessete anos e os bancos mal queriam permitir que eu abrisse uma conta. A ideia de emprestar recursos a um garoto cabeludo e roqueiro nem passava pela cabeça do gerente da agência da zona norte de São Paulo. Tentei também conseguir algum sócio que acreditasse no plano de negócios rabiscado em papel simples, mas não tive êxito. Era uma época de inflação alta no país (final dos anos 1980), e as pessoas tinham grande aversão a riscos. A única pessoa que me apoiou foi um tio, que emprestou quinhentos dólares para que eu comprasse as primeiras barras de chocolate. Logo após a primeira Páscoa pude devolver com orgulho e gratidão o valor a ele.

Como tudo na vida tem dois lados, resolvi transformar aquela dificuldade de acessar recursos de terceiros em criatividade para fazer mais com menos. Ou seja, a escassez de recursos tornou-se a mola propulsora da criatividade.

Francamente, não sou contra trabalhar com sócios capitalistas ou com recursos de bancos. Apenas entendo que esses *stakeholders* sempre terão grandes expectativas de retorno. Portanto, se você puder abrir mão dessa possibilidade, não terá que dividir o resultado do sagrado suor do seu esforço, a menos que os juros cobrados sejam realmente baixos ou subsidiados pelo governo.

Tive um golpe de pura sorte no início de 1990. Era março e eu havia feito uma grande encomenda de matéria-prima para fazer os ovos de Páscoa. Eu não sabia ao certo como iria pagar. Foi então que o presidente Fernando Collor criou o plano econômico, congelando os preços e retendo o dinheiro da população.

Aquilo gerou um grande caos no mercado, pois só quem tivesse contas a pagar antes do congelamento poderia retirar o dinheiro preso — o que era o meu caso. Contei para alguns amigos da família sobre a grande dívida que tinha, e de uma hora para outra começaram a surgir propostas de empréstimos sem juros ou até com certa redução do valor principal para que eu pagasse em seis meses. Seria melhor para eles do que esperar os 24 meses que o governo prometia para começar a devolver o dinheiro (empréstimos assim realmente valem a pena!).

Vendi todos os ovos de Páscoa, dando aos clientes a oportunidade de pagar em várias parcelas. Foi um sucesso! A partir daquele momento, a fonte de dinheiro para rodar as engrenagens da Cacau Show, contratar funcionários e comprar máquinas foi a própria venda dos chocolates, ovos e trufas. Vários anos depois, adotamos o modelo de franquias. Com a ajuda de parceiros, ultrapassamos a marca de mil lojas menos de uma década após a abertura da primeira, e em 2015 atingimos a marca de 2 mil.

7. *Crowdfunding*

Essa é uma modalidade de financiamento de negócios muito recente. Os primeiros projetos, como Kickstarter, Catarse e outros, nasceram nos anos 2000, apesar de haver histórias mais antigas — como a de que a Estátua da Liberdade em Nova York teria sido financiada coletivamente.

A beleza do *crowdfunding* — ou financiamento coletivo — é fazer com que centenas, milhares ou até milhões de pessoas físicas passem a ser financiadoras de projetos e empresas, e isso abre imensas possibilidades. Trata-se de uma enorme democratização do financiamento de empresas.

Frederico Rizzo, cofundador da Broota, rede para conectar startups e investidores, opina sobre o assunto.

> O *crowdfunding* é uma das grandes esperanças de fomento a novos negócios no mundo. Para os empreendedores que buscam capital, seu modelo mais descentralizado e transparente reduz custos de transação e confere maior poder aos fundadores, que podem levantar menos capital de forma incremental. Isso o torna menos diluído.

Além disso, ao facilitar pequenos aportes de um grande número de pessoas, o *crowdfunding* democratiza o investimento em inovação, atrai um capital com mais propensão ao risco e, assim, dá mais chance para que novos negócios surjam e prosperem.

8. *Side job*

Side job, ou trabalho paralelo, é um modo prático que muitos empreendedores encontram para, mantendo um emprego, financiarem suas empresas. Todo mês, parte do salário é investida no novo negócio, e muitas noites, finais de semana e madrugadas são dedicados ao novo negócio.

Entretanto, tanto o emprego como o empreendedorismo requerem dedicação, esforço e tempo. Assim, o risco do empreendedor que se mantém no trabalho enquanto inicia seu negócio é não fazer nenhuma das duas coisas direito, ou seja, não conseguir empreender nem ter um bom desempenho como funcionário.

Há um risco real de o futuro empreendedor ser demitido, pois pode perder foco e produtividade e, ao mesmo tempo, não criar uma empresa relevante e que tenha sucesso. Ou seja, o pior dos dois mundos.

Encontrado o equilíbrio, porém, essa opção pode ser muito interessante para as etapas bem iniciais do novo negócio. É comum que vários sócios se unam para montar um negócio e apenas um deles saia do emprego e se dedique integralmente ao empreendimento, enquanto os outros usam parte dos rendimentos para financiar o negócio.

Naturalmente, quando o negócio começa a decolar, exige mais dedicação e foco. O empreendedor então terá de fazer uma opção de vida.

Alertas

- Não misture os assuntos do emprego e do negócio. Além de não ser correto, pode gerar muitos problemas tanto para o empreendimento quanto para seu trabalho.
- Procure sempre o equilíbrio e não exagere na dedicação aos dois projetos, pois isso pode afetar sua saúde e com certeza afetará negativamente sua produtividade.
- Saiba que esse método pode funcionar por algum tempo, mas se prepare para optar por uma das atividades em breve.

9. Modelo de negócio alternativo

Em países onde o capital disponível para negócios iniciantes é pequeno, como acontece no Brasil, uma das maneiras que muitos empreendedores encontram para se financiar é criar modelos de empreendimentos alternativos ou paralelos, que conseguem manter o negócio funcionando enquanto ele não gera caixa suficiente.

Temos um *case* conhecido no Brasil: o Buscapé. Quando Romero Rodrigues e seus sócios se defrontaram com uma crise pesada no começo dos anos 2000, correndo o risco de fechar por não conseguir receitas suficientes para bancar o Buscapé no ar, passaram a vender a plataforma que tinham criado para os primeiros e-commerces que estavam nascendo no Brasil. Durante aproximadamente um ou dois anos, esse modelo de negócios alternativo ajudou os empreendedores a superar o momento de crise, manter a empresa viva e seguir desenvolvendo a plataforma própria, pois esses clientes pagavam as contas. A crise passou, o Buscapé sobreviveu e pouco tempo depois não precisou mais vender sua tecnologia. Voltou o foco para seu *core business* e cresceu. O resto da história é de conhecimento público.

Alertas

- O modelo de negócios alternativo tem de ser viável, deve ter valor para clientes e não pode exigir muitos investimentos.
- É importante impedir que o desvio do modelo de negócios cause uma transformação radical na empresa e leve ao abandono da visão original.
- É recomendável alocar algumas pessoas na empresa para tocar o modelo de negócios alternativo, evitando a perda do foco no *core business*.

10. *Client financing (corporate financing)*

Essa é mais uma opção que funciona especialmente em países onde o volume de capital é pequeno, como é o caso do Brasil, e onde a empresa já conseguiu financiar a criação de um produto ou serviço que conta com clientes e fatura.

As grandes corporações são lentas, caras e pesadas, e em geral não conseguem inovar. As startups são o oposto disso e, na maior parte das vezes, quebram paradigmas, por ser mais leves e eficientes.

O *client financing* — ou financiamento pelo cliente — acontece quando uma grande empresa encontra uma startup que resolve um problema, seja com um produto, um software ou mesmo um serviço. Na falta de capital de crescimento e expansão da startup, o cliente ajuda. Essa ajuda pode se dar com um simples adiantamento de pedidos, passando por empréstimos vinculados a pedidos futuros ou até casos em que o cliente adquire uma participação na empresa, tornando-se investidor e financiando o crescimento.

É muito difícil isso acontecer na fase inicial, pois ainda não existe um produto ou serviço, mas não são raros os casos em que um executivo sai da corporação para montar uma empresa já com um grande pedido antecipado e pago nas mãos.

Alertas

- Produto ou serviço que não resolve um problema e/ ou que precisa de muito investimento para resolvê-lo dificilmente conseguirá um cliente que o financie.
- É preciso cuidado para não criar uma dependência ruim entre a empresa e o cliente financiador.
- Essa opção costuma acontecer de maneira orgânica. Não se trata de algo possível de buscar no mercado

11. Cartão de crédito/ bicicleta

Você pode estar questionando por que colocamos essa opção aqui. Simples: na vida prática, muita startup se financiou com cartão de crédito e cheque especial do empreendedor.

Isso significa que esse é um caminho a seguir? NÃO! De maneira nenhuma! Mas como sabemos que na prática acontece muito, resolvemos incluir essa modalidade. É mais um alerta do que de fato uma alternativa.

Grande parte dos negócios dá errado por falta de capital — ou melhor, por falta de planejamento financeiro para empreender.

Este capítulo inteiro tem a pretensão de ajudar você, candidato a empreendedor, a entender as alternativas que existem, sejam elas recomendadas, sejam saídas de emergência. Quem entende o cenário planeja melhor, entra mais consciente, conhece melhor os riscos e as implicações e, portanto, aumenta as chances de sucesso.

Outro modo importante de financiar seu negócio é conseguir um investidor externo, ou um sócio de capital. Sobre essa possibilidade falaremos no próximo capítulo.

CAPÍTULO 9

Investidores: os tipos e como conseguir a participação deles

Como vimos no capítulo anterior, uma das barreiras na estrada do empreendedorismo é o dinheiro — ou a falta dele. Neste capítulo falaremos um pouco sobre os investidores.

O que um investidor quer?

Investidor é uma pessoa física ou jurídica (como um fundo) que aporta recursos financeiros em empresas para que elas possam crescer. Ele passa a ter uma participação acionária na companhia que recebeu o dinheiro e visa ao lucro sobre seu capital investido à medida que a empresa avança e aumenta seu valor. Os investidores conseguem realizar lucro em algumas situações: quando entra um novo investidor e os anteriores saem; quando uma empresa é vendida; quando os sócios compram de volta a participação que era dele; quando existem pessoas interessadas em entrar na empresa e ele vende sua participação ou quando a empresa abre capital e as participações de todos se tornam negociáveis na Bolsa.

Os vários tipos de investidores

Os investidores são divididos de acordo com o tamanho do investimento que fazem e a fase de vida da empresa. Esses são os principais:

Friends & Family — familiares e amigos que investem (normalmente uma baixa quantia) bem no início do negócio, em geral junto com os fundadores.

Investidores-anjo — em geral são pessoas físicas que investem pouco capital na fase bem inicial da empresa.

Investidores *seed* (semente) — pessoas ou empresas que investem junto com os investidores-anjo ou logo depois deles.

Venture capital — muitas vezes são fundos que investem depois que a empresa encontrou seu modelo de negócios e já começou a faturar.

Private equity — companhias de investimento maiores, que aplicam recursos quando as empresas atingiram certo tamanho e já têm um modelo de negócios comprovado, mas ainda precisam do investimento para crescer e se expandir rapidamente.

Essa cadeia é grande e tem outras modalidades de investidores, mas em linhas gerais essas são as principais categorias que você precisa conhecer no momento de iniciar sua empresa. Mais adiante, à medida que ela for crescendo, existem muitas outras opções e formatos de financiamento.

Friends & family

Friends & Family, ou Amigos & Família, ou ainda, de maneira bem-humorada, Friends, Family & Fools [Amigos, Família & Tolos] é um modo de financiar empresas nascentes usando capital pessoal de familiares e de amigos, que se tornam sócios investidores do negócio.

O lado bom é que amigos e família o conhecem, desejam seu sucesso e podem ajudar.

O lado ruim é que negócios novos são de altíssimo risco, e as estatísticas apontam muito mais para o seu insucesso do que para o sucesso, como já vimos no início deste livro. Portanto, a chance de esse familiar ou amigo ter retorno com o investimento é baixa.

É muito importante ter em mente para quem você vai solicitar o investimento. Queimar todas as economias da sua avó, por exemplo, pode colocá-la (e a você) em uma situação difícil. A coisa fica mais tranquila quando se pede um volume de capital bem pequeno diante do montante que o familiar ou o amigo tem. Ou seja, solicitar 50 mil reais para alguém que tem alguns milhões no banco não abalará a vida financeira da pessoa. Por outro lado, pedir para um amigo que invista metade do capital que ele está juntando para comprar um apartamento é temerário. Não faça isso.

É também fundamental que você, por mais encantado que esteja com a sua startup, deixe MUITO claro que empreender é arriscado e que o capital pode não voltar. Se a pessoa se assustar e não contemplar claramente essa possibilidade, para o seu bem, não aceite esse investimento.

Amure Pinho, empreendedor, criador de várias empresas — entre elas a plataforma de blogs Blogo — nos estimula a pensar no que precisamos saber antes de levantar dinheiro com Family & Friends.

Imagine o seguinte cenário: seu negócio não deu certo e você falhou. Independente do mercado, dos concorrentes, da economia e dos sócios, você era a pessoa por trás do produto, e assim como um técnico pode mexer no time e virar o jogo, poderia ter feito algo diferente antes do apito final. Cabe a você a missão de falar com sócios, funcionários, clientes e, claro, com seus investidores.

Eles investiram em você, não no seu negócio. Qualquer outra pessoa, ao apresentar a mesma ideia, não receberia o investimento. Foi a amizade, a história, o carinho e a vontade de vê-lo dando certo e feliz que os levaram a acreditar no seu sonho.

Agora respire fundo e avalie o que seria preciso fazer para garantir que quando ouvissem essa notícia, seus amigos e familiares perguntassem: "Qual a sua próxima ideia?".

Levantar dinheiro com Friends & Family é muito mais do que vender o peixe do seu negócio. É vender a sua capacidade de fazer uma ideia acontecer, independente dos desafios que você irá encontrar. Eles serão os primeiros a estender o braço para te ajudar e, muito provavelmente, parte fundamental da sua futura história de sucesso.

Aqueles que levantaram dinheiro com Family & Friends e falharam aprenderam que por trás do momento de euforia e otimismo existem pessoas. Pessoas com envolvimento emocional com o dinheiro que você recebeu, com alta expectativa no sonho que você vendeu, que desconhecem o risco de uma startup e com um ponto de vista sobre o seu trabalho totalmente distante da realidade do dia a dia.

O segredo? Envolva essas pessoas e faça com que elas sejam parte dessa construção. Compartilhe as notícias boas e ruins, atualize-as sobre os próximos passos, gerencie as expectativas de todos os envolvidos e seja transparente sempre. Assim, você fará com que elas se sintam parte do resultado, seja ele bom ou ruim. Esse é o segredo para que elas estejam sempre dispostas a acreditar em você.

E aí, qual a sua próxima ideia?

Investidores "profissionais"

Ao longo da sua caminhada empreendedora, é possível que você se depare com diversos tipos de investidores. Se o seu negócio for apetitoso e promissor, é ainda provável que receba propostas de parcerias ou ofertas para vender a empresa ou parte dela. Falamos no início deste capítulo a respeito de diversas categorias de investidores que poderíamos chamar, grosso modo, de "profissionais": investidores-anjo, *seed*, *venture capital* e *private equity*. Cada um deles, como explicamos, atua em determinado estágio de desenvolvimento da empresa. E uma vez que este livro focaliza particularmente a etapa inicial de um negócio, é principalmente sobre a primeira dessas categorias que vamos nos deter agora.

Investidores-anjo

Esse tipo de investidor ganhou força em períodos recentes, juntamente com o avanço da internet e dos jovens cheios de ideias, fundadores de startups que hoje brotam com força, do Vale do Silício a São Paulo.

Quem é o investidor-anjo

Como o nome sugere, os investidores-anjo são pessoas físicas que se tornam sócios capitalistas de empresas nascentes. Fazem parte desse time executivos ou funcionários bem-sucedidos que têm dinheiro para aplicar nos iniciantes no mundo dos negócios ou nos empreendimentos que lhes parecem promissores. Além de investir dinheiro, emprestam conexões, mentoria, network e experiência para os jovens empreendedores.

Quantos investidores-anjo estão "voando" no Brasil?
Ninguém tem exatamente esse número, mas a Anjos do Brasil, entidade que reúne vários desses investidores, estima que haja mais de 5 mil investidores-anjo estruturados no país (essa é apenas uma estimativa realizada em 2013 pela Anjos do Brasil — não existem números oficiais sobre o assunto).

Como encontrar um deles?
Não é fácil. Em um país com problemas de segurança pública como o Brasil, muitos deles se "escondem" por medo de sofrer assaltos ou sequestros. Mas começam a existir algumas entidades como a Anjos do Brasil, que reúne e organiza a atividade de anjos por aqui.

O que eles pedem em troca do dinheiro?
Como o nome diz, eles são investidores, não apenas "anjos". Portanto, vão querer uma participação na sua empresa para que possam, no futuro, realizar lucros. Normalmente o investidor-anjo pede um mínimo de governança corporativa, ou seja, quer saber o que você está fazendo com o investimento e como a empresa está indo.

Quanto um investidor-anjo costuma colocar numa empresa iniciante?
No Brasil o montante varia de 20 mil a 200 mil reais. Obviamente existem anjos que investem mais, mas são poucos.

Qual é o principal segredo para fisgar um investidor-anjo pela asa?
O segredo é ter sempre um bom projeto, bem estruturado e inovador, e saber vendê-lo para o anjo quando ele bater asas perto do seu caminho.

Quem coloca a mão no bolso sabe: injetar dinheiro em uma empresa nascente é uma operação de alto risco. Muito diferente de uma aplicação na Bolsa, na renda fixa ou em uma franquia. Aqui, a probabilidade de colapso é maior que a de decolagem. Por isso, os "anjos financeiros" investem em várias iniciativas ao mesmo tempo. Quando dá certo, uma delas deve trazer retorno suficiente para cobrir o buraco deixado em todas as outras apostas que naufragaram.

NA BALANÇA

O que o empreendedor pode GANHAR com um investidor-anjo	O que o empreendedor pode PERDER com um investidor-anjo
• Recursos alocados. • Conhecimento e experiência do investidor. • O network e as oportunidades de negócios geradas pelo investidor. • Alguém de fora (mas com interesses na empresa) que cobra resultados.	• O investidor pode não entender nada do seu negócio. • O investidor pode ser um sócio que gera discussão. • Você terá de dividir parte da empresa (muito cuidado com isso!).

Investidor-anjo é investidor, não anjo!

Muitos empreendedores no Brasil, ao ouvir falar em investidor-anjo, ficam imaginando que é um tipo de investidor que veio para salvar e que vai doar tempo, recursos e reputação para o seu negócio apenas por ser seu "anjo da guarda". Nada mais errado e míope. O investidor-anjo é sim aquele que vai ajudar o seu negócio iniciante — que ainda está pouco formatado e tem muito risco —, mas só faz isso porque acredita que seu empreendimento vai crescer, fazendo com que o capital investido na sua empresa seja multiplicado.

Cassio Spina, investidor-anjo e fundador da Anjos do Brasil, fala um pouco mais sobre a importância desse tipo de investimento:

A criação de empresas inovadoras de alto potencial, as startups, é um grande desafio para qualquer empreendedor, pois requer um complexo conjunto de elementos que possam ajudá-lo a superar as diversas incertezas que envolvem seu desenvolvimento até vencer o famoso "vale da morte".

Dentre esses elementos, dois são essenciais para viabilizar a transformação de um projeto em um negócio de sucesso: capital e conhecimento. E são justamente esses ingredientes que o investidor-anjo agrega para negócios emergentes, pois ao mesmo tempo que aplica parte dos seus recursos financeiros, dedica todo seu conhecimento, experiência e rede de relacionamentos para contribuir com o sucesso da empresa.

O investimento-anjo é uma prática já consolidada em países desenvolvidos, como os Estados Unidos, onde nasceu e possui inúmeros casos significativos de sucesso — por exemplo a Apple, que teve como cofundador, além dos Steves (Jobs e Wozniak), o investidor-anjo Mike Markkula, citado várias vezes por Jobs como um "pai" essencial para o surgimento e o desenvolvimento da empresa.

Como apresentar uma ideia

Se você quer atrair um investidor-anjo, um sócio capitalista ou qualquer outro parceiro para apostar no seu projeto e aportar dinheiro no seu empreendimento, vai necessariamente passar pela etapa da apresentação da ideia. E já que estamos falando da possibilidade de um sócio, seria uma tristeza tê-lo na ponta dos dedos... e deixá-lo escapar porque você não conseguiu fazer uma boa apresentação nem transmitir com eficiência a mensagem sobre o negócio.

Por isso, dado que você vai se deparar com esses momentos algumas vezes na sua carreira de empreendedor, vamos falar rapidamente sobre as formas mais eficientes para fazer uma boa apresentação a um possível investidor, ainda que você não tenha o dom da oratória.

Como acertar na hora de atrair um investidor e fazer uma apresentação vencedora

- Tenha um bom projeto.
- Faça uma apresentação bem estruturada, simples e direta.
- Seja breve e convincente: dez slides devem ser suficientes para você passar seu recado.
- Aceite feedbacks.
- Não ache que você sabe tudo.
- Não diga que não tem concorrentes.
- Pense grande, com ousadia, mas tenha os pés no chão.
- Faça uma pesquisa sobre a trajetória profissional e o histórico do seu investidor (tanto como pessoa jurídica quanto como pessoa física) para conhecê-lo melhor.

Se após sua apresentação você ouvir um "não" como resposta, lembre que o fundador do Skype recebeu 26 "nãos" antes do primeiro "sim" de um investidor! É normal. Trabalhe pelo sim, mas esteja preparado para o não. Nessa fase do projeto é preciso que ele seja sólido, bem estruturado e preparado, mas é também importante que o investidor acredite na ideia.

Ter um investidor (seja qual for o tamanho dele) frente a frente é uma oportunidade rara. Para garantir que você tenha o melhor desempenho possível nessa hora, convidamos um craque no assunto. Eduardo Adas, sócio e CEO da SOAP (State of the Art Presentations), explica as etapas fundamentais para fazer apresentações eficientes, convincentes e poderosas.

Momentos decisivos, oportunidades únicas

Estar no lugar certo, na hora certa, com a pessoa certa: este é o sonho de todo empreendedor. O momento é decisivo, a oportunidade precisa ser aproveitada, aquela chance pode definitivamente mudar sua vida e ser o ponto de partida para o sucesso do seu negócio. Adrenalina pura!

Você está preparado para esse momento?

A história a ser contada por você é capaz de emocionar e engajar seu público-alvo?

O roteiro dessa história explica seu projeto e encanta?

O roteiro está na ponta da língua?

Seu apoio visual contribui para gerar entendimento e prender a atenção?

Se a resposta para uma dessas perguntas for "não" (ou "não sei"), cuidado: suas chances nesse momento decisivo são baixas. Temos aqui um desafio: criar uma apresentação no "estado da arte"!

Uma apresentação no estado da arte pode aumentar drasticamente suas chances de conquista e leva em conta basicamente quatro etapas, nesta sequência:

- a definição de uma boa estratégia;
- a criação de uma história sustentada por informações altamente relevantes para seu público-alvo;
- a criação de um suporte visual (PowerPoint, Prezi, Keynote, *flip chart*) didático e impactante;
- treino e preparo absolutos do apresentador.

Tudo começa na estratégia, quando é preciso identificar quais são seus objetivos, ou seja, o que você deseja que seu público pense, sinta e faça ao final de sua apresentação. Para isso o conhecimento do perfil do público é fundamental. O que o seu público já sabe? O que ele valoriza? Quais são suas necessidades e desejos profissionais?

Independentemente de quem seja o público, existe uma premissa básica: o tempo da apresentação deve ser o menor possível. Uma dica: não ultrapasse 50% do tempo previsto para a reunião.

De posse dessas informações (objetivo e público), agora é o momento da criação da história a ser contada.

Histórias são metáforas da vida. Histórias focadas no perfil do público são capazes de gerar empatia e estabelecer uma conexão emocional. Só depois que o roteiro dessa história estiver claro é que devem entrar em cena as informações relevantes (dados, números, gráficos, exemplos) que sustentarão e darão credibilidade ao roteiro. O caminho inverso a esse processo (apresentar apenas informações e dados sem uma conexão de roteiro claro) explica o fracasso das apresentações tradicionais, tidas como chatas, longas e ineficazes.

Com a história e os conteúdos definidos, chegou a hora de pensar em abrir uma ferramenta para o apoio visual, caso seja de fato necessário. O apoio visual não pode jamais ser um documento na tela. Ele deve estar a serviço da comunicação do apresentador para explicar e ilustrar a história a ser contada. Quanto menos texto na tela, maior a credibilidade do apresentador. Muito texto pode transmitir insegurança e falta de conhecimento.

Conteúdo e material de apoio prontos, chegou o momento da etapa principal: a preparação e o ensaio do apresentador. É o apresentador quem conquista a confiança do público. É o apresentador quem conduz a história criada, quem dá o ritmo dos fatos, das informações, que faz a sincronia perfeita entre palavra e imagem.

"Apresentação no estado da arte" é sinônimo de "apresentador no estado da arte"!

Boa sorte!

A hora de dizer não

A entrada do novo parceiro ou sócio vai naturalmente alterar o rumo dos negócios, a tomada de decisão, o perfil da empresa. Isso pode ser ótimo... ou péssimo. Depende do caso.

Outras vezes o fluxo pode ser o inverso. Você não foi atrás de um sócio ou do dinheiro, mas de repente bate à porta um investidor querendo colocar capital na sua empresa. Ele diz que o negócio parece promissor, acredita no potencial do empreendimento e quer fazer parte dessa história injetando recursos e favorecendo a expansão. Isso acontece.

Mas antes de estender o tapete vermelho, avalie os seguintes pontos. Quando, afinal, é melhor dizer NÃO a um investidor interessado?

Diga **NÃO** quando...

- você não precisa de capital.
- você percebe que o investidor não agrega nada além de recursos financeiros (e você já os tem).
- você sente que o investidor tem valores muito diferentes dos atuais sócios do negócio.
- não há química entre os sócios e o investidor (e ele será sócio por muito tempo).
- a porcentagem da empresa que ele exige é alta demais.

Avalie se a alternativa da sociedade é interessante para seu negócio. Não existe uma resposta certa sobre o que é melhor. A conclusão é que há uma relação potencialmente muito interessante de gente que tem recursos financeiros (investidores) e aqueles que têm ideias e capacidade de execução (empreendedores). Se essa relação for equilibrada, madura, transparente e consciente, pode trazer sinergia, força e prosperidade para ambas as partes.

Do outro lado do balcão

Entender o que pensa e como pensa um investidor à caça de bons negócios é uma mão na roda para você, empreendedor. Convidamos Lupércio Fernandes de Moraes, sócio da Hurtado & Moraes Capital Management, para compartilhar sua experiência.

> A decisão de investir em uma empresa dependerá da disponibilidade do capital a ser investido e da expectativa sobre o retorno, mas deve levar em consideração, principalmente, o que podemos agregar ao negócio.
>
> As minhas experiências são sempre voltadas a investimentos em empresas que necessitam também de um processo aprimorado de gestão. Obtive bastante êxito nesse sentido.
>
> Alguns negócios são de fato promissores, porém a partir de deter-

minado tamanho os fundadores passam a ter muitas dificuldades em competir com empresas mais estruturadas e, algumas vezes, com investimentos de capital estrangeiro. Nesse momento ocorre a angústia da busca de profissionais e capital para investir num processo mais agressivo para enfrentar o mercado. Porém, esses empresários normalmente não têm uma visão clara do que poderiam fazer com esse capital, surgindo ainda uma resistência muito grande em conviver com executivos dentro de uma estrutura que em geral é informal e familiar.

Esse perfil é muito comum no Brasil, principalmente entre as pequenas e médias empresas nacionais. Adoto como filosofia a seguinte tese: investiremos na empresa, mas precisamos de autonomia para realizar a gestão, e devem ser criadas normas de governança e a formação de um conselho de administração que possa representar o interesse dos acionistas e familiares. Isso vem dando muito certo.

O projeto Sorvetes Rochinha é um bom exemplo. Foi realizado investimento, com participação minoritária, e o controle da gestão. A empresa demonstrou uma excelente reação no mercado, cumpriu metas agressivas no primeiro ano e caminha para conseguir bons resultados no segundo ano da gestão.

A grande diferença desse modelo para o tradicional investimento realizado por grandes fundos é que, além de o capital investido ser do novo gestor, há um comprometimento direto pelos resultados e uma grande preocupação com o bem-estar dos fundadores. Isso não é uma opção em busca de lucratividade somente, mas uma obrigação nesse tipo de investimento.

CAPÍTULO 10

Execução é tudo

Nosso livro se propôs a ser uma fonte para que você tenha insights e reflita sobre a decisão que está tomando, conhecendo um pouco o caminho que irá trilhar, e não apenas um manual do tipo "faça isso ou faça aquilo".

Empreender é uma atividade complexa, repleta de nuances e que deve vir com muita persistência, resiliência e capacidade de reinvenção constante.

Muita gente fica presa ao fato de ter uma boa ideia, uma baita sacada (e até muitas vezes de não contar essa ideia para ninguém), mas lembre-se de que uma empresa raramente dá certo em decorrência exclusiva de uma ideia genial. O sucesso vem porque o empreendedor soube executar com maestria aquela ideia.

Steve Jobs, da Apple, não inventou o tocador de mp3 nem o celular. Mark Zuckerberg, do Facebook, não inventou as redes sociais. Larry Page e Sergey Brin, do Google, não inventaram o buscador. Eles souberam aproveitar as inspirações existentes, melhorá-las e implementar o projeto com uma execução primorosa!

Procuramos alertar você para o máximo possível de pontos, armadilhas, excessos de otimismo, cantos cegos e tantos outros detalhes matadores que muitas vezes passam despercebidos para a maioria dos candidatos a empreendedores.

Se você chegou até aqui é porque está realmente interessado em empreender e abrir um negócio. Está também muito mais consciente do que isso significa. Nossa missão está cumprida. A sua está só começando. Mas agora você já está alguns passos à frente da maioria dos candidatos a empreendedor. Suas chances já são maiores do que a média. Ótimo! É um excelente ponto de partida.

Sua missão se cumprirá não apenas quando você montar seu negócio, e sim quando fizer com que ele cresça e prospere. Para que ele dê certo, é fundamental que você se prepare e se capacite. Amadureça nas mais diversas e complexas relações profissionais, pessoais e financeiras que essa caminhada exige. Entenda profundamente que a gestão de pessoas, de recursos, de riscos e de oportunidades, além da qualidade do produto ou do serviço que você vai levar para o mercado, farão a diferença entre ter uma ideia e dar certo como empreendedor.

A sedução do cliente

Como dissemos, uma boa ideia pode ser um propulsor inicial para o negócio. Mas a qualidade e a habilidade com que o empreendedor executa seu projeto é o fator crucial que leva uma empresa ao sucesso ou à ruína.

Alexandre Accioly é uma espécie de empreendedor multimercado. Consegue há muitos anos resultados impressionantes nos negócios que toca. E note que nenhum deles foi particularmente disruptivo ou inédito: academias, rádios, marinas, restaurantes. Eram serviços que já existiam. Mas ele soube se diferenciar através de uma execução primorosa e uma capacidade de seduzir o cliente. Accioly revela aqui sua visão sobre as estratégias que usou.

Quando você entra em um mercado forte, atuante, com grandes *players*, existe muito *benchmark*, muita gente investindo e apostando. *É* uma espécie de serra Pelada. Sempre procurei estar em mercados não óbvios.

Um deles foi o de fitness e bem-estar. Quando comecei, os investidores nessa área eram profissionais do próprio setor, professores de educação física, treinadores que se destacavam e abriam seu negócio. Ainda hoje é assim em 90% dos casos. Mas procuramos um diferencial. Percebendo o caos urbano, a exploração imobiliária, as dificuldades de locomoção, a agenda atribulada de todos, descobrimos que as pessoas iam às academias com quatro motivações: a) socialização; b) lazer (distrair-se, sair da rotina casa-trabalho); c) saúde; d) beleza. Então criamos o conceito de clube indoor. Um ambiente para promover o bem-estar.

O empreendedor que dá certo é aquele que busca uma diferenciação dentro do mercado em que pretende atuar. E o que traz o sucesso é uma entrega especial, não apenas a aceitação do seu produto ou serviço. Você precisa buscar a sedução do cliente. Surpreendê-lo. Quebrar a expectativa. Entregar bem mais do que ele pode esperar.

Atrair um cliente é tarefa muito difícil e cara. Mas mais caro ainda é perdê-lo e ter que fazer uma nova conquista. Quando um cliente reclamar da sua empresa, agradeça. Se ele proativamente trouxe esse feedback para seu negócio é porque se importa com ele. Seria mais fácil simplesmente ir para a concorrência — e você nunca mais o veria. Se a demanda for atendida, se alguém da organização der um retorno, o cliente estará se tornando um parceiro, um cúmplice do seu projeto e do seu sucesso. E o processo multiplicador será ainda mais fortalecido.

Faça um pós-venda incrível, dê um serviço de qualidade primorosa, realize um atendimento encantador. O cliente vai avaliar esses aspectos, vai ser seduzido por eles. O cliente seduzido passa a ser um multiplicador, um divulgador do seu negócio. E ficará com você. Ainda que o preço do concorrente seja menor.

A visão estratégica de Accioly é inspiradora para quem quer se destacar no mercado. Crie uma experiência única, incrível, encantadora para seu cliente e você terá conquistado um grande aliado para o crescimento do seu negócio.

O empreendedor é por natureza um sonhador. Alguém que tem o olho brilhando e o desejo profundo de criar algo novo, de deixar sua marca. Mas como arrancar essas ideias do etéreo e implementá-las no mundo real? Esse tópico da execução é tão importante que resolvemos pegar o depoimento de mais um peso pesado no mundo do empreendedorismo.

Romero Rodrigues sempre foi um sonhador. Ele e mais três amigos criaram um site de comparação de preços, o Buscapé, que foi vendido em 2009 por mais de 300 milhões de dólares para o grupo Naspers, um gigante da África do Sul. Será que bastou uma boa ideia? Deixemos que ele mesmo responda.

Ideia boa é ideia implementada

Todo empreendedor é, ou deveria ser, um sonhador. Esse é o combustível da jornada empreendedora. Que fique claro, porém, que é somente o ponto de partida. Apenas sonhar não basta — é preciso executar. O sonhador bem-sucedido é aquele que usa o seu poder criativo para colocar seus projetos em prática. E isso exige muito, muito suor.

O empreendedor deve ser, acima de tudo, um realizador, como o foi Walt Disney. Um dos gênios responsáveis por alimentar a imaginação de milhões de pessoas e um dos maiores empreendedores do século XX, ele dizia que "a melhor maneira de começar é parar de falar e agir".

"Se você tem um sonho, pode transformá-lo em realidade. Sempre se lembre de que tudo isso começou com um sonho e um rato", afirmou certa vez o criador de Mickey Mouse. "Todos os nossos sonhos poderão se tornar realidade se houver a coragem de querer realizá-los."

Repare na simbologia dessa história: um homem que tinha na fantasia o DNA de seu negócio foi responsável por construir um império concreto, palpável, que resultou em parques temáticos, filmes para cinema e TV e licenciamento de marca para brinquedos, livros e uma série de outros produtos.

Ser um gênio criativo foi a grande marca de Disney, mas esteja certo também de que o trabalho duro fez a diferença. Não fosse sua capacidade de realização, ele não teria hoje o seu nome na história do capitalismo e no coração de várias gerações.

Sinto-me à vontade para falar sobre a importância de o empreendedor arregaçar as mangas porque a história do Buscapé foi escrita, como se diz popularmente, com "99% de transpiração e 1% de inspiração". Quando eu e mais dois amigos de faculdade resolvemos desenvolver um site de comparação de preços, no final da década de 1990, unimos paixão e muito trabalho.

Passávamos madrugadas — sim, madrugadas — programando, escrevendo códigos, construindo uma plataforma na base da tentativa e erro. Afinal, não havia sites de comparação de preços nos quais pudéssemos nos basear. Fomos pioneiros, e esse sonho só se tornou realidade porque nós, garotos de vinte e bem poucos anos, sabíamos que empreender significava trabalhar dia e noite. E hoje, quinze anos depois, continuo trabalhando arduamente.

É importante dar esse alerta aos futuros empreendedores porque, especialmente na área digital, paira por vezes certa aura de glamour que não condiz com a realidade. Muitos pensam que basta uma ideia sensacional para atrair os investidores, e então uma vida de bonança se seguirá. Esqueça. Isso só se faz colocando a mão na massa. Por isso temos escrito em todas as paredes do Buscapé Company, como um dos nossos valores fundamentais: "Ideia boa é ideia implementada".

O que fará um empreendedor alcançar o sucesso, seja no mercado de internet, seja em qualquer outra área, é a combinação de paixão, uma boa ideia, dedicação e — tão ou mais importante que todos esses atributos — a sua capacidade de execução. Em outras palavras, mire-se no exemplo de Walt Disney e construa o seu Mickey Mouse.

CAPÍTULO 11

Agora é com você!

Estamos chegando ao final do nosso livro. Mas se a leitura acaba, a sua aventura no mundo do empreendedorismo apenas começa.

Ao longo destas páginas demos um panorama de alguns dos mais cruciais aspectos a considerar na hora de abrir um negócio próprio. Foram dicas, conselhos, insights, provocações, recomendações, cuidados a serem analisados e micos dos quais você pode escapar.

Talvez tenha sido o início do seu aprendizado para abrir uma empresa, mas tocar um empreendimento é uma lição contínua, um conhecimento que se aprofunda e se renova a cada contratempo com o qual você se depara.

E já que você está prestes a abrir seu empreendimento, deixamos um rápido checklist final para começar com o pé direito!

Checklist empreendedor

- Sonhe alto, mas esteja preparado para os tempos de vacas magras.
- A primeira impressão teima em desaparecer. Faça-a positiva!
- Escolha sua equipe e seus sócios com dedicação.

- Tenha seus clientes como parceiros.
- Nunca descuide do fluxo de caixa, mesmo antes de começar.
- Seja um líder inspirador e disciplinado.
- Peça feedbacks externos sinceros e esteja aberto para ouvi-los.
- Capriche na presença on-line, pelo menos com um ótimo site.
- Fique de olhos abertos para as oportunidades.
- Equilibre sua vida pessoal e profissional.
- Trate bem as pessoas, mesmo aquelas que parecem estar no meio do seu caminho.
- Lembre-se de que não dar certo faz parte do processo e do aprendizado.
- Prepare-se para trabalhar muito mais do que imaginou.
- Mas prepare-se também para se sentir muito mais realizado do que imagina ser possível!

É com determinação, foco, empenho, garra, competência, perseverança e paixão que você irá transformar cada desafio em uma nova conquista, voar bem alto, realizar seus sonhos e deixar para sempre sua marca no mundo do empreendedorismo.

Prepare-se e vá em frente!

Sucesso!

Dony & Bob

Aleksandar Mandić, pioneiro em empreendimentos de internet no Brasil, deixou sua carreira na Siemens em 1996 para criar a Mandic BBS, um dos primeiros serviços de rede do país. Tornou-se, em 2000, sócio fundador do IG. Em 2002, abriu uma nova empresa chamada Mandic, que dez anos depois foi vendida por 100 milhões de reais. Hoje toca a Mandic magiC, empresa que ajuda pessoas a compartilhar redes abertas de wi-fi pela cidade.

Alexandre Accioly é o fundador da Accioly Fitness Participações, controladora da Bodytech e da Fórmula. Tem mais de trinta anos de trabalho como empreendedor e recebeu diversos prêmios. Dentre vários negócios, Accioly fundou em 1984 a Quatro/A Telemarketing, empresa líder no negócio de call center, que foi adquirida pelo Grupo Telefônica no início de 2000. Foi presidente da Associação Brasileira de Telemarketing e participou de várias iniciativas no mundo do entretenimento. Quando previu a oportunidade de consolidação no setor, Accioly investiu na indústria do fitness e trouxe o conceito de academias de grande porte que oferecem ampla gama de serviços. Atualmente também é sócio dos restaurantes Gero, Fasano al Mare, Londra e Forneria São Sebastião e da Marina Porto Real, em Angra dos Reis.

Alexandre Costa começou a empreender aos dezessete anos, vendendo trufas de porta em porta em seu Fusca. Sua primeira venda grande foi uma encomenda de 2 mil ovos de Páscoa, que lhe rendeu um lucro de quinhentos dólares. Em 1996, Alexandre fez seu primeiro curso de chocolates artesanais na Bélgica. A loja inaugural da marca foi fundada em 2001, ano em que a empresa implantou o sistema de franquia. A Cacau Show é hoje a maior franquia de alimentação do Brasil e a maior rede de chocolates finos do mundo — em 2015, a marca atingiu o número de 2 mil lojas, presentes em todos os estados brasileiros.

Alexandre Herchcovitch, um dos mais renomados estilistas brasileiros, é reconhecido internacionalmente. Desde 1993, Herchcovitch é diretor de criação da marca que leva o seu nome. No início dos anos 2000, abriu uma nova frente de negócios — que hoje representa 40% do seu faturamento — ao licenciar os produtos de sua marca, incluindo itens de vestuário, óculos, relógios, artigos de cama, mesa e banho e de decoração.

Beto Almeida, na Interbrand desde 2003, liderou alguns dos projetos mais admirados e inovadores do escritório de São Paulo — entre eles, o trabalho realizado para a Usiminas, com o qual recebeu diversos prêmios nacionais e internacionais, como o IF Award, considerado o Oscar do design. Trabalhou na agência Guimarães Profissionais e hoje é diretor executivo da Interbrand Brasil ao lado de Daniella Giavina-Bianchi.

Cassio Spina foi empreendedor por 25 anos e hoje atua como investidor-anjo. Fundou a Anjos do Brasil e é autor do livro *Investidor-anjo: Guia prático para empreendedores e investidores*.

Eduardo L'Hotellier, CEO e cofundador da GetNinjas, startup que ajuda prestadores de serviços a se conectarem com seus clientes, formou-se em engenharia da computação pelo IME e fez pós-

-graduação em finanças pelo Coppead. Já levantou mais de 7 milhões de reais em investimentos para sua empresa.

Eduardo Ourivio é o fundador dos restaurantes Spoleto. Desde o início a proposta de crescimento da rede foi acelerada, unindo a rapidez de um fast-food à sofisticação de um restaurante italiano — foi o primeiro a usar pratos de louça em praças de alimentação, por exemplo. A iniciativa foi um sucesso. Em 2004, Ourivio resolveu empreender "um novo negócio dentro do próprio negócio". Com a aquisição da pizzaria Domino's no Brasil e da temakeria Koni Store, nasceu a ideia de construir uma plataforma de conceitos de *food service*, o Grupo Trigo, do qual Ourivio é sócio fundador.

Frederico Rizzo, cofundador da Broota, rede que conecta startups e investidores, fez MBA na Universidade Duke, trabalhou na IdeiasNet e na Natura, foi gerente financeiro na Mãe Terra Produtos Naturais e é cofundador e presidente da ONG Vento em Popa.

João Mostacada Carvalho, supervisor de programas da GloboNews em São Paulo, mestre em jornalismo internacional pela Universidade de Westminster, em Londres, é um dos idealizadores dos novos formatos do telejornal *Conta Corrente* e do programa *Mundo S/A*. Já foi editor e apresentador na Bloomberg TV, em Nova York, e passou por outras redações pelo mundo, como a BBC Brasil e a CNBC Europe, em Londres.

Juliano Seabra é diretor-geral da Endeavor, onde também já ocupou o cargo de diretor de educação e pesquisa. Já representou a instituição em eventos internacionais da ONU, do Fórum Econômico Mundial e da Semana Global do Empreendedorismo e é o principal interlocutor da Endeavor com agências governamentais. Trabalha com o tema desde 2002, quando assumiu, como trainee, a liderança dos projetos de educação empreendedora do Senac-SP, hoje uma referência entre as instituições de ensino brasileiras. Foi diretor executivo da Prospectiva, consultoria especializada em negócios internacionais e políticas públicas. É mestre em administração pública e governo pela FGV, especialista em gestão de negócios e operações pelo Insper e graduado em relações internacionais pela PUC-SP.

Kaluan B. Bernardo, jornalista e mestrando em comunicação e contemporaneidade na Faculdade Cásper Líbero, há mais de cinco anos cobre o mercado nacional e internacional de tecnologia e empreendedorismo. Já trabalhou com veículos como *Folha de S.Paulo*, Olhar Digital, Projeto Draft, Editora Europa, YouPIX, Startupi, entre outros.

Luiz Barretto é especialista em empreendedorismo e gestão empresarial, com atuação nos setores público e privado. Foi presidente nacional do Sebrae e ministro do Turismo. Lançou o Movimento Compre do Pequeno Negócio, que incentiva a sociedade a consumir produtos e serviços de mais de 10 milhões de micro e pequenas empresas no país.

Luiz Vitor Martinez, CEO e cofundador da GeekSys, empresa com diversas soluções relacionadas a *big data* e análises, é engenheiro da computação e já trabalhou em empresas como 4Linux e General Electric. Com sua startup, venceu concursos da ProxxIma, da Start You Up e foi vice na premiação Slumdog Beta.

Lupércio Fernandes de Moraes, empreendedor, formado em comunicação social, pós-graduado em administração de varejo pela FIA, especialista em franchising e mercado de consumo fora do lar (Food Service), acumula uma larga experiência em profissionalização de empresas familiares, como Fran's Café e Sorvetes Rochinha.

Marcello Pesce tem cinquenta anos e há dez é proprietário do restaurante Il Fornaio d'Italia. Antes, trabalhou 22 anos em empresas como Danone, Bunge, Mattel e Rubbermaid, nas áreas de marketing e vendas. Formado em administração de empresas pela FGV-SP, tem MBA pela FEA-USP.

Marcelo Cherto é presidente do Grupo Cherto, formado pelas empresas Cherto Consultoria, especializada no crescimento sustentável de organizações, e pela Franchise Store, que comercializa franquias. É membro da Academia Brasileira de Marketing e do conselho consultivo global da Endeavor. Autor e coautor de doze livros e mais de 2,5 mil artigos publicados no Brasil e no exterior, foi eleito pela revista *Marketing* um dos profissionais mais influentes do marketing brasileiro.

Marcelo Nakagawa é diretor de empreendedorismo da Fiap e professor de empreendedorismo do Insper, da FIA e da Fundação Vanzolini. Atua como consultor acadêmico de empreendedorismo no Senac-SP.

Marcus Rizzo, sócio da Rizzo Franchise, consultoria especializada na estruturação de redes de franquias, é fundador da ABF (Associação Brasileira de Franchising), da revista *Pequenas Empresas & Grandes Negócios* e do Franchise College. Administrador de empresas, tem MBAs em franchising pela Nova Southeastern University e pelo Coppead e em administração pública pela Universidade de Madri.

Michael Nicklas é investidor, empreendedor e estrategista relacionado a investimentos e projetos de internet de larga escala. Parceiro na Valor Capital, já foi managing director na IdeiasNet e na SocialSmart Ventures. Investiu em várias startups brasileiras.

Nizan Guanaes é sócio fundador do Grupo ABC, holding brasileira composta por catorze empresas nas áreas de publicidade, serviços especializados em marketing, conteúdo e entretenimento. Em apenas dez anos, transformou o ABC em um dos maiores grupos de comunicação e marketing do mundo.

Rafael Duton, engenheiro de computação e mestre em administração pela PUC-Rio, é cofundador da Movile, empresa de serviços para celulares da América Latina, com escritórios em sete países, e da 21212, aceleradora de startups com sedes no Rio de Janeiro e em Nova York. É professor de empreendedorismo do IBMEC e da FGV.

Roberta Vasconcellos, sócia fundadora da Tysdo, startup que ajuda as pessoas a viverem as experiências que desejam.

Rogério Chér é sócio da Empreender Vida e Carreira. Na DBM do Brasil atuou como consultor de carreira, coordenou o núcleo de empreendedores e foi vice-presidente de operações para a América Latina. Foi diretor corporativo de recursos humanos da Natura e é professor da Faap, em São Paulo, nas disciplinas de formação de empreendedores e comportamento organizacional. Também atua como professor nos cursos da FGV sobre empreendedorismo e criação de novos negócios. É autor de livros sobre empreendedorismo e gestão, e seus mais recentes títulos são *Empreendedorismo na veia: Um aprendizado constante* (Elsevier, 2008) e *Engajamento: Melhores práticas de liderança, cultura organizacional e felicidade no trabalho* (AltaBooks, 2014).

Romero Rodrigues, empreendedor pioneiro da web, é fundador e chairman do Buscapé. Comandou durante dezessete anos a operação do site, um dos negócios de maior sucesso da internet brasileira. Atualmente é sócio da Redpoint eventures, *venture capital* do Vale do Silício que em três anos já investiu em mais de vinte startups no país.

Rony Meisler, engenheiro de produção por formação, criou a Reserva aos 23 anos, quando não entendia nada de moda, mas tinha vontade de sobra de se comunicar com o mundo. Hoje é o CEO de um grupo com sete marcas multissegmentos — única companhia brasileira no ranking das mais inovadoras do mundo da Fast Company em 2015. Mais do que empreendedor, Rony é cidadão, pai de família e acha que trabalhar socialmente é obrigação. Em 2014, recebeu o prêmio Gentleman of the Year da instituição americana Fashion-4Development pela idealização do projeto Rebeldes com Causa. É ainda conselheiro da cidade do Rio de Janeiro, membro do Conselho Municipal de Moda do Rio de Janeiro e padrinho do curso de moda do IBMEC-Rio.

Samir Iásbeck é CEO e fundador da Qranio, startup de educação focada em perguntas e respostas. Também é CEO e fundador da eMiolo.com, empresa que oferece diversas soluções de tecnologia a seus clientes.

Sofia Esteves, graduada em psicologia e com pós-graduação em gestão de pessoas, fundou, aos 26 anos, o Grupo DMRH, formado pelas marcas DM e Cia. de Talentos — uma das maiores consultorias de recursos humanos da América Latina. Hoje, além de ser presidente do conselho da empresa, é professora dos cursos de MBA e especialização em RH da FIA e da FGV, comentarista e colunista de carreira em diversos veículos de comunicação, como o programa *Conta Corrente*, pesquisadora e palestrante de tendências em gestão de pessoas e tem três livros publicados. Sofia é casada, tem dois filhos e acaba de realizar seu maior sonho: abriu um instituto para orientar jovens em situação de vulnerabilidade social na busca de oportunidades de trabalho.

Tallis Gomes montou seu primeiro negócio digital em 2001, aos catorze anos. Estudou marketing na ESPM e trabalhou em corporações gigantes do setor privado, como Unilever, Kinoplex e Ortobom. Em 2011, fundou a multipremiada Easy Taxi, maior aplicativo de táxis do mundo, presente em 35 países. Listado pela *Forbes* como um dos jovens mais inovadores do Brasil e eleito pela *Galileu* como um dos mais influentes da internet brasileira, Tallis hoje lidera também a Singu, um *marketplace* de beleza e bem-estar.

TIPOGRAFIA Arnhem Blond
DIAGRAMAÇÃO acomte
PAPEL Pólen Soft
IMPRESSÃO Geográfica, abril de 2016

A marca FSC® é a garantia de que a madeira utilizada na fabricação do papel deste livro provém de florestas que foram gerenciadas de maneira ambientalmente correta, socialmente justa e economicamente viável, além de outras fontes de origem controlada.